Lutz Urban   Christian Marx

DAVID, EMILY UND DER GANZ NORMALE WAHNSINN

Lutz Urban   Christian Marx

DAVID, EMILY UND DER GANZ NORMALE WAHNSINN

Der Work-Life-Balance-Roman

Frankfurter Allgemeine Buch

Bibliografische Information der Deutschen Nationalbibliothek
Die Deutsche Nationalbibliothek verzeichnet diese Publikation in der Deutschen
Nationalbibliografie; detaillierte bibliografische Daten sind im Internet über
http://dnb.d-nb.de abrufbar.

Frankfurter Allgemeine Buch

© FAZIT Communication GmbH
Frankfurter Allgemeine Buch
Frankenallee 71 – 81
60327 Frankfurt am Main

Umschlag: Christina Hucke, Frankfurt am Main
Titelillustrationen: © shutterstock/jesadaphorn
Satz: Uwe Adam, Freigericht, www.adam-grafik.de
Druck: CPI books GmbH, Leck
Printed in Germany

1. Auflage, Frankfurt am Main 2018
ISBN 978-3-96251-028-2

Inhalt

VORWORT

Liebe Leserinnen und Leser,

dieses Buch erzählt die Geschichte von David, einer Führungskraft, im Spannungsverhältnis zwischen höchsten beruflichen Ansprüchen und dem Wunsch nach einem entspannten und erfüllenden Privatleben.

In seiner täglichen Arbeit ist David einem stetig wachsenden Leistungsdruck ausgesetzt, dem er erfolgreich begegnen möchte. Er spürt die Anstrengung und ist auf der Suche nach Lösungen. Wie gern würde er wieder über die Energie und Leichtigkeit seiner beruflichen Anfangsjahre verfügen. Doch sie sind ihm abhanden gekommen.

Wir laden Sie ein: Begleiten Sie David auf seinem Weg zu den wesentlichen Kernkompetenzen, die es braucht, um den immer komplexer werdenden Alltag einer Führungskraft zu meistern. Sie erhalten klare und einfach nachzuvollziehende Übungen und Anleitungen, die Sie sofort in Ihren beruflichen und privaten Alltag integrieren können.

In einem kostenlosen Online-Ressourcenbereich wartet weitere Unterstützung auf Sie: Mit zusätzlichen Audioprogrammen, Checklisten und weiterführenden

Coaching-Übungen wollen wir Ihnen die Umsetzung so einfach wie möglich machen.

Dieses Buch ist das Ergebnis unserer jahrzehntelangen Arbeit mit Führungskräften. Es zeigt einen erprobten Weg auf, den Herausforderungen des Führungsalltags mit mehr Leichtigkeit zu begegnen als bisher und gleichzeitig die Quantität und Qualität der Arbeit sogar noch zu steigern. Diesen Weg nennen wir Flow und er ist unser Kerngebiet.

Folgen Sie uns und David in eine Welt, in der die Dinge wieder „fließen". Lernen Sie die fünf Kernkompetenzen kennen, die Sie benötigen, um sich selbst und andere dauerhaft zum Erfolg zu führen, ohne dabei in Überforderung zu gelangen. Und wenn Ihnen David im Laufe der Geschichte ein wenig ans Herz wächst, könnte das daran liegen, dass Sie sich vielleicht ein Stück weit in ihm wiederfinden.

Wir wünschen Ihnen eine inspirierende und unterhaltsame Lektüre.

Christian Marx   Lutz Urban

Epilog: Die alte Kommode

Jeden Morgen, wenn David noch vor seiner lebhaften Familie das Haus verließ, fiel sein Blick auf die alte Kommode im Flur. Ein Erbstück seines Vaters, das ihn seit vielen Jahren begleitete. Die Farbe war an den Ecken abgesprungen und zwei Schubladen klemmten. Der Lack war ab, wie es so schön heißt. David wollte das alte Möbelstück schon lange renovieren, die abgenutzten Kanten abschleifen und die Schubladen gangbar machen. Wenn er einmal Zeit hätte, würde er sich dem Möbel widmen, aber in der jetzigen Situation war daran nicht zu denken, manchmal kam er sich ja selbst wie ein ramponiertes Möbelstück vor.

Sein Job forderte all seine Energie. Und mehr. Manchmal wusste er trotz seiner langjährigen Erfahrung einfach nicht mehr, wo ihm der Kopf stand, wo er mit den vielen Aufgaben beginnen sollte. Und täglich kamen weitere Projekte on top dazu. Dabei gab er schon immer 110%, war gut organisiert und delegierte, wo er nur konnte. Im Grunde war es absehbar, wann das Fass überlaufen, wann er zusammenklappen oder den Job hinschmeißen würde. Gedacht hatte er daran schon mehr als einmal. Aber es kam anders, ganz anders.

TEIL 1: Atmen

„Montag-Mails"

Es ist Montagmorgen und David Arnold beendet zum dritten Mal das Klingeln seines Weckers. Die Strahlen der Aprilsonne fallen durch die Lamellen und blenden ihn, als er nach seinem Handy greift, um E-Mails zu checken. Mit steifem Nacken und einem Stöhnen schwenkt er seine Beine aus dem Bett, setzt sich auf und liest. Allein drei Mails von Oscar Hahn, mit den für ihn typischen stichwortartigen Anweisungen. In den Betreffzeilen fehlen die Hinweise auf die Bauprojekte, und David muss sich selbst zusammenreimen, welche er meint. Heute um 11 Uhr soll er zu seinem Chef ins Büro kommen.

Mehr Mails: Zwei von Davids Bauleitern wollen die gleichen Fahrzeuge für ihre Baustellen und ein dritter möchte wissen, wann er die Schalung bekommt. Langsam kriecht die Kälte Davids Beine hoch. Er scrollt weiter. Ein Mitschüler lädt zum jährlichen Abitreffen ein. David lächelt wehmütig, weiß aber heute schon, dass er sich dafür keine Zeit nehmen wird. Und seine Frau hat Humor. Sie schickt ihm ein Memo für das Konzert, zu dem sie zu zweit gehen wollen. Die Eintrittskarten waren schwer zu bekommen und hängen schon seit Monaten wie Trophäen am Kühlschrank.

David geht ins Bad. Emily steht schon fertig angezogen vor dem Spiegel, trägt Lippenstift auf und lächelt fröhlich, als sie David sieht. Er gibt ihr gedankenverloren einen Kuss auf die Schläfe und zieht nach einem Blick in den Spiegel seinen Bauchansatz ein. Emily sieht dezent weg und tut so, als hätte sie es nicht bemerkt.

Er sieht nicht nur müde, sondern angestrengt aus. Emily kennt David in- und auswendig.

„Komm, raus damit. Was ist los?" Sie stupst ihn in den Bauch.

„Hahn hat für elf eine Sitzung anberaumt und lässt mich wie immer im Dunkeln darüber, um was es gehen wird."

Emily kennt die Eigenarten von Davids Chef und nickt.

„Das ist anstrengend, aber du wirst auch diese Sitzung überstehen, viel Glück."

Sie streicht ihm über die Schulter und verlässt das Bad. David ruft ihr hinterher: „Danke für dein Memo!"

Die geräumige Wohnküche ist vom Morgenlicht durchflutet. Emily belegt in der Küchenzeile die Schulbrote der Kinder. David steht mit Anzug am Küchenfenster und überfliegt die Schlagzeilen der Tageszeitung, während er ein Magnesiumpräparat gegen seine Verspannungen trinkt.

Jenny ist schon von Weitem zu hören. Sie poltert die Treppe herunter und betritt die Küche, wie immer mit dramatischem Augen-Make-up, über das schon lange nicht mehr diskutiert wird. Sie ist sechzehn. Jenny bemerkt, dass Emily heute ein Wickelkleid trägt, ein seltener Anblick. Sie fragt mit einem Grinsen: „Ist der Frühling bei dir ausgebrochen?"

Emily guckt peinlich berührt, wendet sich ab und antwortet nur: „Mir war einfach danach."

Sie zieht sich eine Strickjacke über, löffelt eine Grapefruit und wechselt das Thema. Ihre Chefin, Geschäftsführerin eines ambulanten Pflegedienstes, macht ihr einmal mehr zu schaffen.

„Sie möchte heute mit mir über mein Aufgabenfeld sprechen. Vermutlich will sie noch mehr Aufgaben an mich delegieren. Was hältst du davon?"

David zuckt innerlich zusammen, weil er nicht einmal bemerkt hat, wie attraktiv seine Frau heute aussieht, und auch, weil er mit seinen Gedanken ganz woanders war. Zu seiner Erleichterung fällt ihm ein, dass sie sich heute wieder beim Italiener treffen wollen.

„Sprechen wir beim Mittagessen über deine Chefin?"

„Prima, da haben wir dann ja auch mehr Ruhe. Heute Abend bin ich beim Yoga, Ihr könntet euch Tortillas machen, dafür ist alles im Haus. Oder bringst du einfach Pizza mit? Hauptsache, um sieben seid ihr alle hier."

David nickt und merkt sich: ‚Abendessen mit den Kindern'. Da wird er heute früher aufhören zu arbeiten und zweifelt, ob er dann sein Tagespensum schaffen wird. Wäre Hahn mit seinem Meeting nicht dazwischengekommen, hätte die Woche gut angefangen. Davids Gedanken kreisen um diverse Projekte.

Emily bemerkt seinen abwesenden Blick und sieht ihn besorgt an.

Philipp hängt auf einem Barhocker an der Kochinsel und fischt in seiner Müslischale nach den letzten Rosinen.

Dann kramt er in seiner Schultasche nach einem Heft, legt es auf den Frühstückstisch und sagt: „Papa, unterschreib mal."

David will schon sein Manager-Kürzel unter die Deutscharbeit setzen, als er die Note bemerkt. „Wieso hast du eine Fünf geschrieben?"

Philipp sackt in sich zusammen. „Das liegt nur am neuen Lehrer, der ist ein Idiot."

David sieht seinen Sohn an und blättert dann durch die Klassenarbeit.

„Mann, das kannst du doch echt besser. Deutsch ist zwar nicht deine größte Stärke, aber du willst doch bestimmt selbst vernünftig schreiben können."

Emily schaltet sich ein: „Daran arbeiten wir schon eine Weile." Sie wendet sich an ihren Sohn. „Vielleicht hast du eine Rechtschreibschwäche. Jedenfalls möchte ich, dass wir uns das genauer ansehen." Und zu David sagt sie: „Ich glaube, er braucht professionelle Unterstützung."

David fühlt sich ertappt. Er erinnert sich jetzt, wie lange Philipp sich schon mit der Rechtschreibung abmüht, eine Sache, die für Jenny nie ein Problem war. Er hat das Thema Emily überlassen. David unterschreibt die Klassenarbeit, drückt seinen Sohn kurz an sich und sagt zu Emily: „Lass uns bitte heute Mittag weiterreden. Wir finden einen Weg."

Er blickt auf die Küchenuhr, schnappt sich Zeitung und Handy und küsst seine Lieben zum Abschied.

Allein im Flur bückt sich David mit steifem Rücken nach seiner Aktentasche, als wäre er ein alter Mann. Er stößt sich den Kopf an der Kommode und verkneift sich einen Fluch. Während er seine Utensilien in die Tasche wirft, wandert sein Blick wieder einmal über das alte Möbelstück, das er schon so lange einmal überarbeiten möchte. Noch dringender wäre ein Besuch bei seinen Eltern. Eilig verlässt David das Haus, ohne einen Mantel und ohne die Morgenkälte zu bemerken.

Der normale Büro-Wahnsinn

David manövriert seinen neuen A6, auf den er so stolz war, als er zum ersten Mal in ihm zu Hause vorfuhr auf die Straße und schaltet die Freisprechanlage ein. Er fährt durch die ruhige Wohngegend, in der er mit seiner Familie wohnt und telefoniert mit zwei Lieferanten. Die Termine, die er mit ihnen gemacht hatte, muss er jetzt verschieben, weil Hahn ihn zu sich bestellt hat. David zweifelt, dass sein Chef überhaupt ahnt, was diese kurzfristigen Aktionen bei seinen Mitarbeitern für Auswirkungen haben. Er schaltet das Radio ein. Der regionale Sender spielt einen Beitrag über teure Asbest-Sanierungen von Schulen. Der Reporter findet es ungerecht, dass die Bauunternehmer zwei Mal verdienen. Das erste Mal beim Bau, das zweite Mal bei der Sanierung, und er fragt nach der Haftung. David verzieht das Gesicht und sucht so lange im Radio, bis er einen Popsender gefunden hat, es läuft gerade irgendwas von Coldplay. David entspannt sich, gibt Gas und erinnert sich, dass er den Song dauernd beim Schreiben seiner Abschlussarbeit gehört hat.

David parkt seinen Wagen auf dem Firmengelände der Oscar Hahn GmbH, Bauunternehmen. Das Firmenschild prangt überdimensional neben dem Eingang und scheint über alles zu wachen, über den geschäftigen Hof mit Baufahrzeugen, LKW, Stapeln von Bauholz und offenen Garagen, in denen Baumaterial und Werkzeug gelagert wird. Etwa vierzig Büromitarbeiter haben ihren Arbeitsplatz hier am Stadtrand in dem funktionalen Bau, den Oscar Hahn selbst Anfang der 90er errichten ließ. Wenn der Laden brummt und zahlreiche Bauprojekte gleichzeitig laufen, beschäftigt er bis zu fünfhundert Mitarbeiter. David koordiniert die einzelnen Baustellen und managt den Fluss von Maschinen, Material, Personal und Kunden.

In seinem Büro hängt David sein Jackett an den hölzernen Kleiderständer. Das gute Stück hat Emily für ihn in einem Antiquitätenladen gekauft, es wirkt in diesem Raum wie ein Außerirdischer. Die leicht vergilbten Decken, Schreibtische mit Kunststoffplatten und Aktenschränke, deren Türen beim Öffnen gefährlich nach unten hängen, sprechen dafür, dass hier die Arbeit höchste Priorität hat. Kurz vor dem Bauleitertreffen läuft David zwischen Telefon und Planungstafel hin und her, nimmt die Beschwerde eines Kunden auf und blättert den Poststapel durch, um die Briefe nach Dringlichkeit zu sortieren.

Punkt neun eröffnet David das wöchentliche Bauleiter-Meeting, seinen Laptop vor sich geöffnet. Er hört sich die Berichte der Bauleiter an und tippt wichtige Informationen gleich in den Übersichtsplan ein. Alle Anwesenden können die Übersicht einsehen, denn Davids Laptop ist mit dem Beamer verbunden, der sein Bild auf eine weiß beschichtete Trennwand wirft.

Heinz, ein langjähriger Bauleiter, spricht von Lieferschwierigkeiten auf seiner Baustelle und dass die Zeitplanung zu eng sei.

Sein Kollege Martin will umgehend Kran, Bauholz und fünf Maurer für eine anstehende Dachaufstockung.

Es entsteht eine Diskussion unter den Bauleitern über die Verteilung der Facharbeiter auf den Baustellen, die David nach kurzer Zeit abbricht. Er kommt zurück auf konkrete Probleme und fragt die Bauleiter nach ihren Ideen. Es wird still im Raum.

„Kritische Punkte werde ich mit Herrn Hahn gleich besprechen", sagt David.

Er erntet ein verächtliches Schnauben von Martin und wird danach von Heinz noch mal angegangen, nicht zu vergessen, die Zeitplanung mit dem Chef zu besprechen. David macht sich Notizen und beendet das Meeting.

Im Besprechungsraum sitzt David allein am ovalen Tisch. Der Beamer summt und David telefoniert konzentriert mit Kunden und Mitarbeitern, die ihn während der Sitzung nicht erreichen konnten. Noch wenige Minuten bis zum Treffen mit Oscar Hahn. David reibt sich den schmerzenden Nacken, während er seine Unterlagen durchsieht, um sich möglichst gut für das Treffen vorzubereiten. Er fragt sich, warum Oscar so sparsam mit seinen Informationen ist.

Es ist kurz vor elf und David fühlt sich jetzt schon gerädert. Er blickt aus dem Fenster, wo Bauholz auf einen LKW verladen wird. Das wird für den Neubau des Supermarkts im Stadtzentrum sein.

„Es ist schon toll, was die Oscar Hahn GmbH auf die Beine stellt", denkt David für einen Moment. Früher war er oft so stolz auf die Leistungen der Firma, mit der er sich identifizierte und für die er sich zu 100 % einsetzte. Wann hatte das eigentlich nachgelassen, wieso kostete es ihn heute so viel Kraft, die gleiche Begeisterung und Energie aufzubringen wie noch vor fünf, sechs Jahren?

Ein letzter Blick auf die Uhr, David nimmt seine Unterlagen und geht mit schweren Schritten zum Chefbüro.

Ein Projekt der besonderen Art

David steuert auf die geschlossene Tür von Hahns Büro zu. Bevor er sie öffnet, hält er kurz inne.

Was wird er nur wollen? Hoffentlich nicht noch eine zusätzliche Aufgabe, wäre ihm ja zuzutrauen. David atmet tief durch und klopft an.

„Kommen Sie rein", ertönt Hahns raue, emotionslose Stimme. David betritt den funktional eingerichteten Raum und erblickt nur den Rücken seines Chefs, der am Fenster steht und ihn kaum beachtet. Da ist es wieder, denkt David, als er das bekannte, komische Gefühl in seinem Bauch wahrnimmt, das immer in Hahns Gegenwart entsteht.

Hahn dreht sich um. Er hält eine Zeitung in der Hand.

„Schauen Sie sich diesen Quatsch an: ‚Die Bauindustrie muss nachhaltig werden!'"

Hahn knallt die neuste Ausgabe der führenden Branchenzeitschrift auf den Tisch.

„So ein Schwachsinn bringt es auf das Titelblatt. Ich halte wenig von diesem Nachhaltigkeitsblödsinn, aber so ganz können wir das Thema wohl nicht ignorieren. Wir müssen zumindest die rechtlichen Bedingungen und die Rahmenbedingungen seitens der Kreditgeber erfüllen."

Hahn schnappt sich die Zeitschrift, geht auf David zu und haut sie ihm vor die Brust. „Wir brauchen dafür eine Strategie. Nennen Sie sie meinetwegen Nachhaltigkeitsstrategie, aber halten Sie ja den Ball schön flach. Alles klar, Sie machen das schon!" Noch bevor David sich sammeln kann, um Fragen zu stellen, hat Hahn sein Büro schon verlassen.

„Na toll", sind Davids erste Gedanken. „Was war das schon wieder für eine Nummer? Lässt mich hier allein in seinem Büro stehen. Typisch Hahn."

David rollt die Zeitschrift zusammen, klemmt sie sich unter den Arm und geht in sein Büro.

Dort angekommen, schließt er die Tür und wirft widerwillig einen Blick in die Zeitschrift. Ihm wird schnell klar, dass das Thema hochkomplex ist und es dabei nicht nur um die Einhaltung von ein paar gesetzlichen und finanztechnischen Vorgaben gehen kann. Es geht um die ganz grundsätzliche Frage, wie Bauen in der Zukunft aussehen soll oder aussehen muss. Dieses Thema beinhaltet

Rohstofffragen, Umweltfragen, baubiologische Fragen und einiges mehr.

„Das ist unsere Chance, das Unternehmen komplett neu auszurichten und für die Zukunft aufzustellen", denkt David.

Ein Blick auf die Uhr und David bemerkt, dass es Zeit ist, zum Mittagessen mit Emily loszufahren.

Herausforderung Work-Life-Balance

Emily sitzt schon am angestammten Tisch in der hinteren Ecke des Restaurants und macht sich Notizen, als David hereinkommt. Er geht auf sie zu, gibt ihr einen Kuss und begrüßt sie mit einem liebevollen „Hallo, Schatz".

David würde am liebsten gleich von seinem neuen Projekt ‚Nachhaltigkeitsstrategie' erzählen, aber er bremst sich, weil Emilys Gespräch mit ihrer Chefin noch im Raum steht. Und auch das Thema Philipp und seine mögliche Legasthenie hat er nicht vergessen.

„Wie war das Gespräch?", fragt David.

Emily lächelt. Sie freut sich, dass David sie als erstes darauf anspricht.

„Wie ich schon vermutet habe, will sie mir zusätzliche Verantwortung übertragen. Sie möchte, dass ich für den ambulanten Pflegedienst die Organisation übernehme."

„Das ist doch wunderbar, Schatz. Das zeigt, dass sie sieht, was sie an dir hat. Herzlichen Glückwunsch!", sagt David.

Emily wirkt nicht euphorisch und David fragt: „Freust du dich nicht?"

„Ja schon, aber, ich weiß noch nicht, was ich davon halten soll. Ich würde nicht nur unsere Klienten beraten und betreuen. Sie möchte, dass ich auch für die Kollegen Dienstpläne erstelle, die Tourenpläne mache, zwischendurch Personalvisiten ...", Emily unterstreicht mit Nachdruck einzelne Punkte auf ihrem Zettel.

David sieht Emily mit hochgezogenen Brauen an. „Was ist das Problem? Du hast doch schon Erfahrung in den Bereichen gesammelt."

„Das stimmt, aber das ist ganz schön umfangreich. Da wird aus meiner halben Stelle eine ganze. Wie kann das gehen?"

David lächelt. „Da fällt uns schon was ein."

Wie gewohnt bringt der Kellner das Tagesmenü. Emily ist froh über die Ablenkung, wendet sich David zu und fragt: „Wie war dein Meeting mit Hahn?"

David steigt sofort ins Thema ein: „Hahn möchte, dass ich eine Nachhaltigkeitsstrategie für das Unternehmen entwerfe. Er findet das Thema zwar schwachsinnig, aber da es auf einem Titelblatt stand, denkt er, dass wir etwas machen müssen. Er will nur die Minimalanforderungen erfüllen. Ich habe aber schon etwas recherchiert und sehe in dem Thema eine riesige Chance. Wusstest du, dass die Bauindustrie einer der Haupt-CO_2-Produzenten ist?"

Emily schüttelt den Kopf und bekommt eine Sorgenfalte auf der Stirn.

David bemerkt es. „Was ist los, Emily? Du wirkst beunruhigt."

„Ja, ich mache mir in der Tat Sorgen."

David zieht erstaunt die Brauen hoch.

Emily spricht weiter: „Ich frage mich, wie du das alles schaffen willst. Du hast doch sowieso schon viel zu viel zu tun. Und wie ich Oscar Hahn kenne, kommt dieses neue Projekt oben drauf. Bei mir wird es auch immer mehr und ich mache mir einfach Gedanken, wie wir das alles stemmen wollen."

Innerlich gibt David Emily recht, aber er hat das Gefühl, er müsse sie wieder positiv stimmen. „Da liegst du natürlich richtig, Schatz, aber im Großen und Ganzen funktioniert doch alles recht gut. Wir sind ein eingespieltes Team."

„Und genau das macht mir immer mehr Sorgen", unterbricht ihn Emily. „Ja, wir funktionieren ganz gut, aber denk' nur mal an heute Morgen. Ist dir die Schramme an Philipps Arm aufgefallen oder dass deine Tochter eine neue Haarfarbe hat?"

„Neue Haarfarbe?", fragt David überrascht. „Jennys Haare waren doch heute Morgen noch braun."

„Nein, David, Jennys Haare sind jetzt kastanienbraun. Das war eine schwerwiegende Entscheidung. Auch wenn das für uns nebensächlich ist, ist es für sie wichtig." Emily schiebt ratlos die Pasta auf ihrem Teller hin und her. „So wichtige Kleinigkeiten meine ich. Wir verleben kaum noch wirklich Zeit miteinander. Erinnerst du dich, wie schwer es war, einen Konzerttermin zu finden? Das hat ewig gedauert. Wir funktionieren nur noch, anstatt zu leben."

Es entgeht David nicht, wie viel Traurigkeit in ihrer Stimme liegt.

„Verstehe mich nicht falsch, David, ich stehe immer hinter dir und unterstütze dich, aber ich mache mir Sorgen, dass sich in unserem Leben alles nur noch um die Arbeit dreht und die Freude immer mehr verloren geht."

Nach einem kurzen Moment der Stille schauen beide auf die Uhr. Emily sagt: „Wir können das jetzt nicht klären, aber irgendwann müssen wir dazu Zeit finden. Über Philipp haben wir noch gar nicht gesprochen, aber so ist es eben. Ich muss los. Kümmerst du dich um die Rechnung?"

David nickt und verabschiedet Emily mit einem Kuss. Er ist durcheinander, denn er weiß genau, was Emily meint, doch hat er im Moment keine Lösung.

Zwischen Komplexität und Pragmatismus

In den nächsten Tagen beschäftigt sich David intensiv mit der Nachhaltigkeitsstrategie. Dabei wird ihm immer klarer, dass sich das Thema nicht oberflächlich abhandeln lässt. Nachhaltigkeit ist im Kern wesentlich größer. Es geht um Verantwortung für Mensch, Umwelt und zukünftige Generationen. Und genau darin sieht David eine große Chance für die Zukunft des Unternehmens. In ihm reift die Vision, zum Vorreiter der ganzen Branche zu werden.

David führt Gespräche mit Baustoffherstellern, Lieferanten, Baubiologen und Bauunternehmen, die im Bereich des nachhaltigen Bauens bereits erfolgreich operieren. David möchte die perfekte Strategie und meint, dass das letztlich auch in Hahns Sinn sein müsse. In seinem Bestreben nach Perfektion stellt David allerdings einige andere Aufgaben hinten an. Das ist auch seinem Chef aufgefallen. Im altbekannten Stil ordert er David per E-Mail in sein Büro zum Gespräch.

Kaum steht David in Hahns Büro, konfrontiert er ihn: „Mir ist aufgefallen, dass Sie einige Ihrer wesentlichen Aufgaben vernachlässigt haben. Ich hatte Ihnen gesagt, Sie sollen nicht zu viel Zeit auf diese Strategie verwenden. Mir reichen ein paar gute Schlagwörter."

David möchte Hahn erklären, wie wichtig die Strategie aus seiner Sicht ist und welches Potenzial für die Firma darin steckt. Doch als er ansetzen will, spricht Hahn einfach weiter.

„Sie haben gesehen, dass in der Fachzeitschrift ein Strategiewettbewerb für nachhaltige Bauunternehmen ausgeschrieben ist?"

David macht sich nicht die Mühe, Hahns rhetorische Frage zu beantworten. Hahn fährt fort: „Sie kennen meine Meinung dazu. Trotzdem habe ich mit einigen Experten in der Branche gesprochen. Alle sind der gleichen Meinung. Nachhaltiges Bauen ist die Zukunft und wird Bauunternehmern zukünftig die höchsten Gewinne einbringen."

Hahn geht zum Sideboard und macht sich an der noblen Espressomaschine zu schaffen, die seine Belegschaft ihm zum 30-jährigen Firmenjubiläum geschenkt hat. Dann schaut er David direkt in die Augen.

„Ich habe mich entschieden, das Unternehmen für den Strategiewettbewerb anzumelden. Das heißt, ich brauche in acht Wochen eine fertige und plausible Strategie, um sie auf der Auftaktveranstaltung zu präsentieren. Ich bin sicher, dass uns das viele gut bezahlte Aufträge einbringen wird."

Davids Puls rennt und er ist blass im Gesicht. „Acht Wochen? Das ist unmöglich", schießt es ihm durch den Kopf.

Selbst Hahn fällt auf, dass David leicht geschockt zu sein scheint. „Machen Sie sich nicht so viele Gedanken. Sie suchen mir einfach die passenden Stichworte raus und bauen nur das Grundgerüst für meine Rede. Es gibt noch genug andere Sachen zu tun. Sie müssen auf jeden Fall das Wesentliche im Blick behalten."

Hahn setzt sich mit einem Espresso wieder an den Tisch. Es hätte David gewundert, wenn Oscar Hahn ihm auch einen zubereitet hätte. Darüber macht er sich schon keine Gedanken mehr, aber die neue, kaum zu stemmende Aufgabe beschäftigt ihn.

„Übrigens habe ich mich entschieden, auf eine Messe in Kanada zu fahren. Danach werde ich dort einen alten Freund besuchen. Er hat vor zwanzig Jahren ein erfolgreiches Bauunternehmen aufgebaut und ich will wissen, wie der Hase dort läuft. Vancouver steht auch schon lange auf meiner Städteliste. Das heißt, ich werde für ein paar Wochen weg sein. Ich habe Ihnen eine Aufstellung mit Aufgaben gemacht, um die Sie sich während meiner Abwesenheit kümmern müssen. Setzen Sie sich kurz, wir gehen die Liste durch."

David atmet tief durch und setzt sich an Hahns Besprechungstisch. Er hat weiche Knie. Hahn greift nach der Liste und bespricht mit David die unterschiedlichen Punkte. Nachdem sie die Aufstellung zu dreiviertel durchgegangen sind, blickt David hoch und seinen Chef direkt an. „Herr Hahn, wie stellen Sie sich das vor? Dafür brauche ich auf jeden Fall personelle Unterstützung. Das schaffe ich nie alleine."

Hahn schaut auf und geht gar nicht auf das Gesagte ein. „Wenn Sie sich bei der Strategie auf das Wesentliche konzentrieren, wird das schon gehen. Ich bin mir sicher, Sie kriegen das hin!" David will gerade wieder ansetzen, als Hahn auf die Uhr schaut. „Ich denke, es ist alles gesagt. Sie wissen, was zu tun ist. Ich muss jetzt los." Oscar steht auf, greift nach Aktentasche und Telefon und verlässt das Büro.

David lässt sich mit hängenden Schultern tief in den Stuhl sinken und den Kopf nach hinten fallen. Es kommt ihm vor, als wäre er im falschen Film. Oder in einem Traum, in einem Albtraum. Aber der Traum ist sehr real und irgendwie muss David eine Lösung finden.

Verzweiflung und Skepsis

Als David an diesem Abend nach Hause kommt, sind die Kinder noch bei Freunden. Zum Glück hat er den Abend mit Emily allein. David kommt in die Küche, in der Emily einen selbstgemachten Brotaufstrich für das Abendessen zubereitet. Sie schaut auf und sieht sein Gesicht. „Was ist los? Ist irgendwas passiert?"

David sieht Emily an und sagt mit leiser, erschöpfter Stimme: „Ich hatte ein Gespräch mit Hahn."

Er atmet lange aus und lässt sich in den Küchenstuhl sinken. Für längeres Stehen fühlt er sich zu erschöpft und sein Rücken schmerzt. „Hahn verlangt das Unmögliche von mir. In acht Wochen will er die Nachhaltigkeitsstrategie für einen Strategiewettbewerb haben. Zusätzlich soll ich eine ganze Reihe seiner Aufgaben übernehmen, da er für eine Weile nach Kanada fährt."

Emily setzt sich zu ihm. „Wie soll das funktionieren?"

„Gute Frage! Ich habe versucht, ihm klar zu machen, dass ich dafür Unterstützung brauche. Er ist nicht mal darauf eingegangen. ,Sie schaffen das schon, David.'" Beim letzten Satz imitiert David Hahns Stimme. „Ganz ehrlich, Emily, ich finde, das ist eine Frechheit. Ich habe sogar schon darüber nachgedacht, einfach zu kündigen."

Emily versucht, den Fokus zu wechseln. „Erinnerst du dich an Leo vom Yoga? Ich habe dir schon mal von ihm erzählt."

David nickt nur. „Ich bin mit ihm ins Gespräch gekommen über meine Arbeit und die wachsende Verantwortung. Dabei hat er mir von seiner Arbeit als Coach erzählt."

David schaut Emily fragend an. „Wen und was coacht er denn?"

„Führungskräfte der Wirtschaft. Er bringt ihnen die fünf Kernkompetenzen moderner Führung bei. Damit gelingt es Menschen in Führungsverantwortung, ihre Aufgaben leichter und mit mehr Freude zu erledigen, sagt er."

David rollt mit den Augen.

Emily bemerkt es, beschließt jedoch, es zu ignorieren. „Eine Aussage von Leo beschäftigt mich. ,Nicht Situationen sind kompliziert, sondern du!'"

„Was willst du mir denn damit sagen, Emily", platzt es aus David heraus. „Sorry, Schatz, aber diese Coaching-Typen hab ich gefressen. Die haben doch meistens selber keine Ahnung und wollen anderen erzählen, wie sie ihre Arbeit besser machen können. Und dafür verlangen sie dann horrende Honorare. Das ist doch Zeitverschwendung und zum Fenster rausgeworfenes Geld."

„Ich versuche, dir ja nur zu helfen!", verteidigt sich Emily.

„Ja, ich weiß, Schatz." David steht auf und sucht im Weinregal nach seinem Lieblings-Rotwein. „Lass uns über was anderes reden, ich habe heute nicht mehr den Nerv dafür."

„Gut, lassen wir das Thema ruhen." Emily blickt David nachdenklich an und setzt sich aufs Sofa. „Ich würde gerne mit dir über die Umwälzungen in meinem Job reden."

„Umwälzungen? Ist es so drastisch?", fragt David und macht es sich neben Emily bequem. „Erzähl mal."

„Es kommt darauf an, wie man es betrachtet", antwortet Emily. „In die neuen Aufgaben kann ich mich reinarbeiten, aber wie sieht unser Familienleben aus, wenn ich eine volle Stelle habe? Als die Kinder kamen, haben wir Arbeitsteilung verabredet. Ich übernehme problemlos den Großteil der Termine und Haushaltsdinge."

David nickt. „Ja, du bist ein Organisationstalent."

„Nur, wie kann ich zwanzig Stunden Abwesenheit umorganisieren? Darüber zerbreche ich mir den Kopf. Bei dir ist gerade Land unter, kein Denken dran, dich mehr einzuplanen."

„Das stimmt leider", sagt David nachdenklich, „aber wir könnten die Einkäufe über einen Lieferservice kommen lassen oder ..."

In dem Moment geht die Haustür auf und das Geräusch von fliegenden Schuhen und einer schweren Tasche, die auf dem Boden landet, ist zu hören. Jenny kommt ins Wohnzimmer.

„Was sitzt ihr denn hier so rum?" Jennys Haare sind zerzaust, sie lächelt.

„Ich überlege, wieder voll zu arbeiten", sagt Emily und sieht ihre Tochter mit gerunzelter Stirn an.

„Und wo ist das Problem?", will Jenny wissen.

„Ihr müsstet um einiges selbstständiger werden."

„Wir sind eh total verwöhnt", sagt Jenny und schlendert zur Kochinsel.

David und Emily werfen sich mit großen Augen einen Blick zu.

„Da hat sie vielleicht recht", sagt Emily.

David schweigt für einen Moment und macht sich Gedanken. „Mal abgesehen von den ganzen organisatorischen Fragen: Würde es dir denn Spaß machen, mehr Verantwortung zu übernehmen?"

„Auf jeden Fall!"

„Na, dann ..."

Emily und David lachen sich an.

Das Fass läuft über

In den folgenden Tagen versucht David, die Arbeit irgendwie zu bewältigen. Die langen Arbeitstage machen sich bemerkbar und es fällt ihm immer schwerer, sich über einen längeren Zeitraum zu konzentrieren. Wiederholt vergisst er wichtige Dinge.

Dieser Tag ist einer, an dem nichts nach Plan zu laufen scheint. Schon am Morgen bringt Hahn mit seinen E-Mails von Kanada aus alles durcheinander. Und er bestellt David für 19 Uhr zum Telefontermin ein, mit dem Hinweis der absoluten Dinglichkeit. Das ist für David nichts Neues. Er wundert sich schon lange nicht mehr über diese Aktionen. Um mit seinem Arbeitspensum irgendwie klarzukommen, verbringt David den Großteil des Tages im Auto auf dem Weg zu verschiedenen Baustellen. Dort setzt er sich mit den Bauleitern auseinander. Im Auto erledigt er Telefonate und zwischendurch beißt er immer mal in sein Brötchen, das auf dem Beifahrersitz liegt.

Da David schon spät dran ist und im Feierabendverkehr steckt, schafft er es nicht mehr, für das Telefonat mit Hahn ins Büro zu fahren. Er hält an einem Rastplatz und greift zum Handy. Es ist noch taghell.

Was wohl dieses Mal wieder so absolut dringend ist? David tippt die Kurzwahl und sofort ist Hahn am Apparat, als hätte er seit Stunden auf nichts anderes gewartet. „Gut, dass Sie pünktlich anrufen."

Dann berichtet er von einigen neuen Technologien, die er auf der Messe gesehen hat. David ist verwundert, wie viele Worte Hahn macht und wie begeistert er ist. Dann will der Chef von David auf den neuesten Stand gebracht werden.

Nachdem sie nun schon seit über einer Stunde telefonieren, kommt Hahn auf die Strategie zu sprechen. „Wie sieht es mit der Nachhaltigkeitsstrategie aus?"

„Herr Hahn, Sie haben mir hier so viele Aufgaben überlassen, dass ich kaum Zeit dafür habe. Ich brauche Unterstützung, wenn ich das bis zum Termin schaffen soll."

Am anderen Ende der Leitung herrscht Schweigen.

„Herr Hahn, sind Sie noch da?" David blickt durch seine Frontscheibe auf den kargen Rastplatz, der nun bereits im Dunkeln liegt.

Hahn antwortet jetzt, klingt aber, als wäre er mit den Gedanken woanders. „Ich habe Ihnen doch gesagt, Sie sollen nicht so viel Zeit mit dieser Strategie verbringen und sich auf das Wesentliche fokussieren. Wenn Sie meinem Rat folgen, dann schaffen Sie das. Ich muss jetzt los, melde mich." Mit diesen Worten legt Hahn auf.

David schüttelt den Kopf. „Warum mache ich das nur?"

Gewohnheitsmäßig checkt David sein Handy, weil während des Telefonats Textnachrichten eingegangen sind und jemand versucht hat, ihn zu erreichen. Er öffnet die Nachrichten-App und lässt vor Schreck fast das Handy fallen.

„Ich Idiot! Ich habe es versaut!"

Die Nachrichten sind alle von Emily. Sie hat auch angerufen. Heute Abend ist das Konzert, auf das sie sich so lange gefreut haben. David hat es vergessen und nun ist es zu spät.

Es hält ihn nicht mehr im Auto. David muss sich jetzt bewegen und tigert auf dem Rastplatz auf und ab.

Was sage ich Emily? Wie kann ich das wieder gutmachen? Wie kann ich die Situation verändern? Wer könnte mir zuarbeiten?

Über eine Stunde geht David wie hypnotisiert auf und ab, dann setzt er sich wieder in den Wagen und fährt nach Hause.

Eine seltsame Begegnung

Schwerfällig geht David den gepflasterten Weg zu seinem Haus entlang, die Treppe hoch und steckt den Schlüssel ins Schloss. Lange hat er sich nicht mehr so mies gefühlt. Er versucht, sich passende Worte für eine Entschuldigung zurechtzulegen, ist aber voller Schuldgefühle und zu erschöpft, um einen klaren Gedanken zu fassen. Mit hängenden Schultern öffnet er die Tür.

Im Flur steht ein Mann, den er nicht kennt. Er ist um die fünfzig, hat eine sportliche Statur und hält ein Glas Rotwein in der Hand. Er betrachtet die alte Kommode von Davids Eltern. Nur kurz blickt er auf, um David zu zeigen, dass er ihn wahrgenommen hat. Danach wendet er sich wieder der Kommode zu und sagt: „Ein wunderschönes Stück, auch wenn der erste Lack ab ist. Da geht es der Kommode nicht anders als uns. Mit der Zeit geht der Glanz verloren und unser Zustand wird schlechter, ohne dass wir es bemerken."

Der Mann streicht mit der Hand über die abgewetzten Ecken des alten Möbelstücks und wendet sich wieder zu David. „Wir haben aber einen entscheidenden Vorteil: Wir können uns jederzeit selbst um unseren Zustand kümmern. Das kann die Kommode nicht."

David kann dem Ganzen nicht folgen und fühlt sich völlig überrumpelt. Er setzt seine schwere Aktentasche geräuschvoll ab und fragt: „Wer sind Sie eigentlich und was soll das Gerede über meine Kommode?"

In diesem Moment kommt Emily im kleinen Schwarzen aus dem Wohnzimmer und bleibt im Türrahmen zum Flur stehen. Sie schaut David mit etwas kühlem Blick an und sagt: „Das ist Leo, mein Bekannter vom Yoga. Ich hatte dir von ihm erzählt. Leo war so nett, mich zum Konzert zu begleiten."

David holt tief Luft, um eine Entschuldigung vorzubringen, aber Emily spricht weiter. „Ich lasse euch jetzt alleine. Ich bin müde und möchte ins Bett. Wir können morgen reden, David. Gute Nacht ihr beiden."

Emily wendet sich ab und steuert aufs Badezimmer zu.

Jetzt ist David wieder wach und hat ein seltsames Gefühl im Bauch. Ihm ist peinlich, dass Leo ihn in diesem Zustand sieht. Was haben die beiden wohl auf dem Konzert gemacht? Warum hat Emily gerade ihn mitgenommen? Emily kennt ihn doch kaum, oder?

Leos Stimme reißt David aus seiner Starre. „Es wäre ein Leichtes, die Kommode wieder auf Vordermann zu bringen. Es braucht eigentlich nie viel, um wieder in einen guten Zustand zu kommen. Wir müssen es einfach nur wollen und uns die Zeit nehmen. Was meinen Sie, David?"

David ist immer noch verwirrt und kann nicht an sich halten: „Was soll das Ganze? Sie sind doch nicht zu mir nach Hause gekommen, um mir etwas über meine Kommode zu erzählen?"

Davids Ratlosigkeit ist unüberhörbar, aber Leo lässt sich davon nicht aus der Ruhe bringen. Jetzt widmet er seine ganze Aufmerksamkeit David und schaut ihm direkt in die Augen. Nach einer Weile fragt er mit klarer und mitfühlender Stimme: „Wie ist Ihr Zustand gerade, David?" Leo blickt ihn an und wartet.

David ist das alles einfach nur unangenehm. Er fühlt sich ertappt und würde am liebsten den Raum verlassen. Mit fahrigen Bewegungen zieht er seine Jacke aus und bringt sie in der Garderobe unter. Seine Stimme ist belegt, als er sagt: „Ist wohl nicht so schwer zu erkennen, dass ich gerade etwas durch den Wind bin. Wenn Sie meinen Tag gehabt hätten, wäre Ihr Zustand auch nicht so toll. Das ging heute Morgen schon los, als mein Chef ...".

Gemütlich an die Kommode gelehnt, winkt Leo ab und fragt nur: „Wen machen Sie für Ihren Zustand verantwortlich, Ihren Chef?"

David fühlt sich in die Enge getrieben. Er hat den Eindruck, dass Leos Worte zwar richtig sind, hat aber den Drang, sich ihm zu erklären und zu verteidigen. Er setzt wieder an: „Sie verstehen nicht. Alle wollen etwas von mir und ..."

Leo unterbricht ihn wieder mit den Worten: „David, wer hat die Verantwortung für Ihren Zustand?" Er schaut David offen an und schweigt. David erkennt, worauf Leo hinaus möchte und sagt mit leiser Stimme: „Das bin wohl ich!"

„Herzlichen Glückwunsch, David, nur darum geht es! Sie haben den wichtigsten Punkt erkannt: Sie sind verantwortlich! Die gute Nachricht ist, dass Sie es damit selbst in der Hand haben, die schlechte Nachricht: Wenn Sie nicht selbst etwas tun, passiert nichts. Sind Sie bereit, für Ihren Zustand zu sorgen?"

Leos Worte regen David zum Nachdenken an, sie erreichen ihn ohne Umwege, und zu seinem eigenen Erstaunen sind seine Widerstände gegen diesen Mann und sein ungutes Gefühl für den Moment verschwunden.

Aus Davids Mund ertönt ein klares, kräftiges „Ja". David überrascht sich selbst. Es kommt ihm so vor, als hätte gerade jemand anderes gesprochen. Ganz sicher war es seine Stimme, aber irgendwie schien das „Ja" von einem anderen Ort in ihm zu kommen als bisher.

„O.K., sind Sie bereit, sich auf ein kurzes Experiment, das ich flowZeit nenne, einzulassen?"

David sagt wieder spontan „ja" und wundert sich über sich selbst.

„Gut, dann würde ich gerne mit Ihnen ins Wohnzimmer gehen, wo wir mehr Platz haben."

Gegenüber der großflächigen Terrassentür ist die Sofaecke der Familie. Der Garten liegt im Dunkeln und David sieht sein blasses Spiegelbild in der gläsernen Schiebetür, als er sich schwer auf die Couch fallen lässt. David schließt kurz die Augen.

„Lassen Sie ruhig Ihre Augen zu", sagt Leo und setzt sich in seine Nähe. „Nehmen Sie einige tiefe Atemzüge und versuchen Sie, etwas länger aus- als einzuatmen. Was nehmen Sie als erstes wahr?"

„Ich merke, wie angespannt ich bin und wie unangenehm sich das anfühlt", sagt David.

Leo rät ihm: „Lassen Sie es zu. Es ist ein gutes Zeichen und zeigt, dass Sie wieder mehr Kontakt zu sich selbst bekommen. Atmen Sie einfach weiter, immer etwas länger aus als ein."

Nach einigen weiteren Atemzügen fragt Leo erneut: „Was nehmen Sie jetzt wahr?"

„Die Anspannung legt sich langsam. Es ist, als hätte ich mehr Raum, zur Ruhe zu kommen. Aber sobald ich mich entspanne, kreisen meine Gedanken wieder."

„Das ist völlig normal, David, lassen Sie die Gedanken und Empfindungen einfach da sein. Beobachten Sie sie, ohne sie weiterzuverfolgen."

Leo fährt mit der Übung fort.

„Wenn es sich für Sie stimmig anfühlt, dann gehen Sie beim nächsten Einatmen mit Ihrer Aufmerksamkeit in Ihren Körper. Spüren Sie Ihren Körper. Beginnen Sie mit den Füßen. ... Spüren Sie Ihre Füße nicht nur oberflächlich, sondern auch in der Tiefe. ... Je tiefer Sie Ihren Körper spüren können, desto tiefer kommen Sie mit sich selbst in Verbindung. Geben Sie mir ein Zeichen, wenn Sie Ihre Füße intensiv spüren."

Nach kurzer Zeit nickt David mit geschlossenen Augen.

„Lassen Sie das Spüren nun langsam in die Beine wandern, ... bis Sie Ihre Beine komplett spüren. Gehen Sie in Ihrem Tempo vor und geben Sie mir ein Zeichen, wenn Sie beide Beine intensiv spüren."

Während David der Übung folgt, beruhigt sich sein Atem. Leo beobachtet ihn und fährt nach einem kurzen Nicken von David fort.

„Sie spüren nun beide Beine. Nehmen Sie jetzt den Unterleib hinzu und spüren Sie dann den Rücken hoch. Lassen Sie sich Zeit. Spüren Sie in die Tiefe."

Leo wartet einen Augenblick, bevor er weiterspricht.

„Sie spüren nun Ihre Beine, Ihren Unterleib und Ihren Rücken. ... Nehmen Sie jetzt Bauch- und Brustbereiche mit hinzu, ... Ihre Schultern, ... Ihre Arme. ... Spüren Sie alles so intensiv, wie es Ihnen gerade möglich ist."

Leo gibt David Zeit, bevor er weitermacht.

„Nehmen Sie nun die Nackenbereiche mit hinzu, ... den Hals, ... den Kopf, mit allem, was dazu gehört. Geben Sie mir ein Zeichen, wenn Sie alles intensiv spüren."

Nach einiger Zeit nickt David und Leo fährt fort: „Lassen Sie das Spüren jetzt noch einmal, – eher zügig –, durch Ihren gesamten Körper wandern, wie in einem Bodyscan, vom Scheitel bis zur Sohle und zurück. Lassen Sie alle Bereiche des Körpers sich integrieren und miteinander verbinden, bis Sie Ihren Körper komplett spüren."

Nach einer Weile gibt David ein Signal und Leo fährt fort.

„Spüren Sie nun Ihren Körper komplett, gleichzeitig und gleichwertig. Spüren Sie seine Präsenz! ... Bleiben Sie in diesem Zustand und kommen Sie in Ihrem Tempo wieder zurück zu mir, hier ins Wohnzimmer."

Nach einiger Zeit öffnet David langsam die Augen und landet mit seinem Blick direkt in Leos. Dieser schaut ihn lächelnd an und fragt: „Was haben Sie wahrgenommen, David?"

„Puh, das war intensiv. Am Anfang ist es mir schwergefallen, mich darauf einzulassen. Es haben mich zu viele Gedanken abgelenkt. Doch nach einer Weile ist es mir ganz gut gelungen, Ihren Worten zu folgen und mich mehr und mehr zu entspannen."

„Was war in diesem entspannteren Zustand anders?", fragt Leo. David überlegt kurz und sagt: „Ich war ruhiger, so als wäre ich mehr mit mir selbst in Kontakt. Das kann ich schwer in Worte fassen."

„Darum geht es auch nicht", erwidert Leo. „Es geht darum, immer wieder in diesen Zustand zu kommen, um den Kontakt zu sich selbst zu intensivieren. Am besten gelingt uns das über das Spüren. Wenn wir unser Bewusstsein dafür schulen, aktivieren wir ungenutzte Bereiche unseres inneren Systems. Dadurch erhalten wir Zugang zu neuen Ebenen unseres Ichs. Wir sind so viel mehr als unser Verstand. Wenn wir auf diese Weise Kontakt zu uns aufnehmen, reduziert sich unser Denken automatisch auf das natürliche Maß und wir bekommen wieder einen klaren Kopf. Spüren Sie Ihren Körper, David! Das ist der Schlüssel. Einen schnelleren Weg in einen guten Zustand gibt es nicht."

Das ist kein alltägliches Gespräch für David, aber während er Leo zuhört und ihn ansieht, hat er den Eindruck, dass Leo gänzlich mit dem übereinstimmt, was er sagt und David kann ihm gut folgen.

„Der große Irrtum, dem viele Menschen unterliegen, ist der, dass sie glauben, sie wären ihrem Zustand ausgeliefert. Genau das Gegenteil ist der Fall: Wir haben es immer in der Hand, unseren Zustand zu kreieren. Und wenn wir es tun, verändert sich unser Leben. Das gilt für alle. Wenn Sie Ihren Zustand verändern, verändern Sie gleichzeitig Ihre Wahrnehmung der äußeren Welt. Wollen Sie es ausprobieren?"

David nickt und setzt sich aufrechter hin.

„Spüren Sie noch einmal intensiv Ihren Körper vom Scheitel bis zur Sohle. Kommen Sie ganz bei sich selbst an. Aus diesem Zustand heraus lassen Sie Ihren Tag noch einmal Revue passieren. Was nehmen Sie wahr? Lassen Sie sich Zeit dabei und beschreiben Sie es mir ganz genau."

David schließt die Augen und lässt die Schultern sinken. Nach einer Weile beginnt er sich zu äußern: „Ich spüre mehr Abstand zu den einzelnen Situationen. Das ist gut. Es fühlt sich dadurch irgendwie leichter an. ... Manche Situationen verändern sich ... und mir fallen neue Möglichkeiten ein, wie ich mit den Situationen anders umgehen könnte. Das ist interessant ... Warum bin ich da nicht gleich drauf gekommen?" David öffnet die Augen und schaut Leo fragend an.

Der lächelt, schaut David verständnisvoll an und sagt: „Das ist normal, David. Gerade in schwierigen Lagen sind die meisten Menschen extrem mit der Situation verhaftet, die sie erleben. Und genau diese Verhaftung macht sie in gewisser Weise blind."

David legt den Kopf schief. „Was meinen Sie damit?"

Leo erklärt: „Wenn Sie ein Buch zu nah vor den Augen haben, können Sie die Buchstaben nicht lesen oder nur einzelne Ausschnitte eines Bildes betrachten. Für das komplette Bild benötigen Sie den richtigen Abstand. Abstand ermöglicht uns auch, Situationen unseres Lebens in einem größeren Zusammenhang wahrzunehmen. Wie viel Sie erkennen und auf wie viele Bereiche Ihres Potenzials Sie dabei Zugriff haben, entscheidet Ihr Zustand. Wenn Sie so wollen, ist unser Zustand wie ein Flaschenhals, der den Zugriff auf unser Potenzial dosiert. Je schlechter der Zustand, desto enger der Flaschenhals und desto weniger Potenzial steht zur Verfügung. Die einfachsten Sachen fallen uns dann nicht ein. Umgekehrt gilt: Je besser unser Zustand, desto mehr kreative Möglichkeiten entdecken wir im Alltag und alles erscheint uns wesentlich leichter."

Leo macht eine kleine Pause, setzt dann wieder an: „Vereinfacht ausgedrückt: Je verhafteter wir mit Situationen sind und je mehr Stress wir haben, desto dümmer werden wir!"

Er lacht und sieht David an.

David lässt seinen Blick in den dunklen Garten wandern und sinniert über Leos Worte. „Klingt nachvollziehbar. Aber dadurch bekomme ich meine Arbeit und meine Probleme dennoch nicht geregelt."

Leo lächelt und sagt ruhig: „Das ist der erste Schritt, David, aber es ist der entscheidende. Ohne ihn werden Sie immer wieder stolpern. Wenn Sie diese kleine Spürübung mehrmals am Tag durchführen, beginnt die Veränderung automatisch. Sind Sie bereit, das auszuprobieren?"

„Warum nicht?", sagt David noch etwas unschlüssig: „Aber was soll ich genau tun?"

„Bevor Sie ins nächste Meeting gehen, setzen Sie sich an Ihrem Schreibtisch erst mal aufrecht hin. Bringen Sie Spannung in Ihren Körper, nicht zu viel, aber auch nicht zu wenig. Atmen Sie zwei bis drei Mal tief durch und versuchen Sie dann, Ihren ganzen Körper wahrzunehmen, präsent zu sein, ohne zu bewerten was Sie spüren. Nehmen Sie sich einfach nur wahr, ohne etwas verändern zu wollen. Ihre Augen können geöffnet bleiben. Sie können diese Übung auch an roten Ampeln oder im Stau durchführen, bevor Sie einen Raum betreten oder aus dem Auto steigen. Unterbrechen Sie ab jetzt, so oft es geht, den Strom Ihrer Gedanken und Ihre automatischen Handlungen im Alltag. Intensivieren Sie das Spüren. Das wird Ihr Bewusstsein für das, was Sie spüren, trainieren und Ihren Alltag wundersam verwandeln. Das kann ich Ihnen versprechen!"

David antwortet und verzieht dabei das Gesicht: „Aber haben Sie nicht noch etwas konkretere Empfehlungen, die mir helfen, mit meinen Problemen umzugehen? Was würden Sie mir im Hinblick auf Emily raten? Wie kann ich die Sache von heute wieder gutmachen?"

Leo wendet seinen Blick ab und sagt: „David, für den Moment habe ich Ihnen die beste Empfehlung schon gegeben. Ich kann mich nur wiederholen. Achten Sie auf Ihren Zustand und machen Sie nicht den Fehler, den die meisten Menschen in Ihrer Lage tun. Suchen Sie nicht ständig nach weiteren Strategien. Das Entscheidende ist, dass Sie üben! Hören Sie auf zu suchen und üben Sie! Das ist übrigens auch das Beste, was Sie für sich und Emily tun können. Sie wird es Ihnen danken, da sie den Unterschied deutlich wahrnehmen wird. Sie haben es in der Hand!"

David holt Luft, um noch mal nachzuhaken. Doch Leo steht auf und kramt aus seiner Jackentasche eine Postkarte hervor. Automatisch erhebt sich auch David aus den Polstern und folgt Leo in den Flur, wo dieser die Karte auf die Kommode legt und das Weinglas daraufstellt. Noch bevor David etwas sagen kann, verabschiedet sich Leo mit den Worten: „Sie wissen, was zu tun ist, viel Spaß beim Üben." Er schließt die Tür hinter sich und ist verschwunden.

Irritiert geht David zur Kommode und zieht die Postkarte unter dem Glas hervor. Er geht damit in die hell erleuchtete Küche, lässt sich auf einen Barhocker an der Kücheninsel sinken und liest den Text.

1. Kernkompetenz:
Achte zuerst auf deinen Zustand

Kernbotschaft:
Dein Zustand entscheidet über dein ErLeben.

Es ist ein Irrtum zu glauben, dass das Außen sich nicht im Innen verändern lässt. Im Gegenteil: Erst wenn wir einen optimalen inneren Zustand kreieren, erhalten wir maximalen Einfluss auf das Außen. Wie das?

Fokussiere dich mindestens 10 mal am Tag:

1. **auf deine Atmung** – *Atme mehrmals ganz bewusst tief und lange ein und aus.*

2. **auf deinen Körper** – *Nimm Haltung an und spüre intensiv deinen Körper. Lasse den Bodyscan laufen.*

3. **auf deine Wahrnehmung** – *Begegne dem Leben mit deiner vollen Präsenz, nimm wahr, was sich verändert.*

Zur Unterstützung kannst du dir das Audioprogramm flowZeit zur ersten Kernkompetenz aus unserem kostenlosen Online-Ressourcenbereich zum Buch downloaden.

Gehe dafür auf www.work-life-buch.de

„Wenn das so einfach wäre", denkt David, und dass es ganz schön egoistisch ist, immer zuerst an den eigenen Zustand zu denken. Trotzdem nimmt er die Postkarte mit, als er zum Schlafzimmer geht, um zu sehen, ob Emily vielleicht noch wach ist. Sie schläft tief und fest. Ihre Haare liegen in alle Richtungen verteilt und zerzaust auf dem Kopfkissen. David seufzt und geht mit leisen Schritten zu seinem Nachttisch. Er legt die Postkarte dort ab, holt tief Luft und fragt sich, wann er heute Nacht wohl einschlafen wird.

TEIL 2: Distanz schaffen

Eine neue Erfahrung

Am Morgen ist es Davids Wecker, der zuerst klingelt. Es ist noch dunkel. Müde stellt David den Wecker aus. Emily murmelt schlaftrunken: „Sehen wir uns heute in der Mittagspause?"

„Ja, bis heute Mittag, Schatz." Davids Stimme klingt kraftlos und niedergeschlagen. Mit bleiernen Gliedern macht er sich fertig und verlässt das Haus, um ins Büro zu fahren.

David fällt es schwer, sich zu konzentrieren. Er bearbeitet einige E-Mails und Angebote, die noch vor der Bauleiterbesprechung verschickt werden müssen. Dann geht er zum Besprechungsraum in sein erstes Meeting. Alles scheint wie immer zu verlaufen. Die Bauleiter wenden sich mit ihren üblichen Fragen und Beschwerden an David. In Gedanken schweift dieser immer wieder ab und spielt den gestrigen Tag und Abend durch, als die fordernde Stimme eines Kollegen ihn aus seinen Gedanken reißt. „David, was gedenkst du jetzt zu tun? Ich habe dir letzte Woche schon gesagt, dass ich den Kran Ende dieser Woche brauche. Da du dich ja anscheinend nicht kümmerst, habe ich mit Paul gesprochen. Er kann den Autokran auf seiner Baustelle nicht entbehren. Ihm werden dann die Betonfertigteile geliefert. Ich habe es ja schon beim letzten Meeting gesagt, dann müssen wir eben Geld in die Hand nehmen und einen Autokran mieten. Oder brauchst du dazu erst die Erlaubnis vom Alten?"

Das hat gesessen. David kann spüren, wie der Impuls in ihm hochsteigt, zum Gegenschlag auszuholen. Doch dann erinnert er sich an Leos Worte: „Achten Sie zuerst auf Ihren Zustand!"

David wundert sich selbst, als er sich gut zuredet, es auszuprobieren. Er nimmt sich Zeit, atmet tief ein und aus und setzt sich aufrecht hin. Seinen Kollegen schaut er direkt an und sagt mit ruhiger, fester Stimme: „Ich habe dein Anliegen verstanden, Martin. Ich kümmere mich darum und gebe dir bis heute Nachmittag 15 Uhr eine konkrete Rückmeldung."

Innerlich bereitet sich David schon auf eine Auseinandersetzung vor, da Martin häufig diskutiert und gern das letzte Wort hat. Zu Davids Erstaunen sagt er einfach nur: „O.K., danke. Dann bin ich gespannt, wie du das löst."

David lehnt sich zurück. Er überlegt, warum Martin sich so schnell mit seiner Antwort zufriedengegeben hat. Er hat den Unterschied zu seiner sonstigen Stimme wahrgenommen; sie war entschiedener als sonst. Martin hat das anscheinend auch bemerkt und deshalb auf seine Kommentare verzichtet.

Auch die anderen Kollegen reagieren auf die Veränderung und ab diesem Moment läuft das Meeting recht unaufgeregt ab.

David bleibt am Ende der Besprechung noch einige Minuten im Raum sitzen. Er ist erstaunt über das, was er eben erlebt hat. Die Situation ist nicht wie sonst in ein Streitgespräch ausgeartet. Kann es nur daran gelegen haben, dass er einige Male bewusst durchgeatmet und sich gerade hingesetzt hat? War es der intensivere Blickkontakt? David hat seine Zweifel, kann aber nicht bestreiten, dass Leos Gerede vom guten Zustand der Auslöser war. Interessant ist die Sache schon, aber kann das so einfach sein? David nimmt noch einmal drei tiefe Atemzüge und macht sich dann auf, um Emily beim Italiener zu treffen.

Auf der Fahrt versucht David, den richtigen Einstieg für das Gespräch zu finden. Ihm ist klar, dass er Emily um Entschuldigung bitten muss, bevor sie miteinander reden können.

Emily sitzt schon an ihrem Tisch, liest sich Exceltabellen ihrer Arbeitgeberin durch und wickelt dabei ihre blonden Haarsträhnen um den Zeigefinger.

Mit einem flauen Gefühl im Magen geht David zu ihr. Er kann ihr kaum in die Augen schauen und gibt ihr einen flüchtigen Kuss. Um die schwierige Situation endlich aufzulösen, blickt David Emily nun direkt an und sagt: „Es tut mir unbeschreiblich leid wegen gestern. Ich weiß, dir hat das Konzert viel bedeutet und ich habe unseren Abend zunichte gemacht. Ich möchte mich bei dir entschuldigen."

Emily zieht erstaunt die Brauen hoch. Nach einem Augenblick der Stille antwortet sie: „Danke für die Entschuldigung. Es ist dumm gelaufen, aber ist schon O.K.. Ich weiß, dass du im Moment zu viel um die Ohren hast.

Es ist dir einfach durchgerutscht. Ich war froh, dass Leo kurzfristig mitkommen konnte."

David spielt mit einer Packung Streichhölzer.

„Wieso bist du mit ihm zum Konzert gegangen? Ihr kennt euch doch nur vom Yoga, oder?"

„Ja, vom Yoga. Keiner meiner anderen Freunde hatte Zeit, und ich habe mich erinnert, dass wir über das Konzert geredet haben und Leo keine Karte mehr bekommen konnte. Also habe ich ihn angerufen. Es war ein schöner Abend. Aber, wie war euer Gespräch?"

David denkt einen Moment nach. „Ich weiß nicht, was ich von Leo halten soll. Er hat eine merkwürdige Art. Die ganze Zeit hat er mir davon erzählt, wie wichtig es ist, in einem guten Zustand zu sein und das regelmäßig zu trainieren. Ganz ehrlich, ich glaube, er ist ein bisschen weltfremd. Ich kann mir nicht vorstellen, wie das meine realen Probleme lösen soll."

David schaut Emily auffordernd an. Er hofft, in seiner Einschätzung bestätigt zu werden.

Doch Emily geht nicht darauf ein. Sie überlegt einen Moment, was sie antworten soll und sagt dann mit Nachdruck: „Vielleicht liegt es ja an dir, David. Leo scheint sein Leben gut im Griff zu haben."

Das war deutlich. David hat den Reflex, sich zu verteidigen, weiß aber genau, dass es zwecklos ist. Emily steht wortlos auf und geht zur Toilette.

Unwillkürlich kommen David Leos Worte wieder in den Sinn und die Übung, die sie gemeinsam gemacht haben. David seufzt und nutzt die Zeit, in der Emily weg ist. Er fokussiert sich auf seine Atmung und nimmt einige tiefe Atemzüge. Dann spürt er seinen Körper vom Kopf bis zu den Zehen.

Emily kommt zurück an den Tisch. „Weißt du, David, ich mache mir Sorgen um dich. Es ist wichtig, dass du auf dich achtest. Gerade jetzt, weil deine Aufgaben komplexer werden und ständig zunehmen. Ich sehe doch, wie es dir geht."

David streicht Emily behutsam über die Hand und schaut ihr dann tief in die Augen. „Du hast recht. Ich danke dir für deine Aufmerksamkeit."

Und wieder klingt Davids Stimme anders, so wie eben im Meeting. David ist überrascht und Emily wundert sich auch: „Aus dir werde ich nicht schlau, wo kommt diese Stimme her?"

„Ich habe nur Leos Übung gemacht, aber so einfach kann es ja wohl nicht sein."

„Wohl kaum, aber es hat doch einen Unterschied gemacht", entgegnet Emily. „Leo scheint zu wissen, was er tut. Ich bin mir sicher, er könnte dich gut unterstützen. David, tue mir einen Gefallen und probiere es mal mit Leo. Du hast doch nichts zu verlieren. Oder geht es hier um deinen Stolz?"

„Nein, so ein Quatsch, damit hat es nichts zu tun. Ich kann mir das einfach mit einem Typen wie ihm nicht vorstellen."

Er wirft die Streichholzschachtel von einer Hand in die andere und dann resigniert auf den Tisch.

„Ich kann dich nicht zwingen, David. Du musst das selbst entscheiden."

Der Kellner bringt das Essen, streift Emily mit einem anerkennenden Blick und zündet die Kerze auf dem Tisch an. Das Gespräch über Leo ist beendet.

„Gibt es Neues vom Pflegedienst?", fragt David.

Emily legt ihr Besteck auf den Teller und seufzt.

„Ich habe mir die drei Bereiche genau angesehen, für die ich zuständig sein werde. Da sind die Betreuung unserer Klienten, Aufgaben, die mit unseren Mitarbeitern zu tun haben und der Bereich Kooperationspartner. Mit den ersten beiden Bereichen habe ich kein Problem, aber Verhandlungen mit dem Medizinischen Dienst zu führen, dem Sozialamt und den Pflegekassen, das ist mir zu viel des Guten."

„Wieso?"

Als Antwort wedelt Emily mit den Exceltabellen.

„Es gibt zwar unzählige Vorschriften, dann aber doch Ermessensspielräume. Die Aufgaben haben mit Pflege nur noch am Rande was zu tun."

„Verstehe, und was willst du jetzt tun?"

„Ich muss noch mal mit meiner Chefin reden. Es ist nicht so einfach, wie sie sich das vorstellt."

Emily nimmt das Besteck wieder auf und isst ihre Pasta.

David nickt und bittet sie, ihn auf dem Laufenden zu halten.

Zurück im Büro

Das Gespräch mit Emily beschäftigt David und lässt ihn auch den ganzen Nachmittag über nicht los. Im Büro angekommen, findet David eine Nachricht auf seinem Schreibtisch.

‚Unbedingt Herrn Maier zurückrufen. Äußerst dringend!'

David nimmt den Notizzettel in die Hand und lässt sich in seinen Bürostuhl sinken. Er dreht den Zettel vor und zurück und versucht eine Verbindung zum Namen herzustellen. Er meint, einen Herrn Maier mit ‚ai' schon kennengelernt zu haben, weiß aber nicht, in welchem Zusammenhang.

David atmet tief durch und wählt die Nummer, die auf dem Zettel steht. Am anderen Ende der Leitung meldet sich eine raue Männerstimme.

„David Arnold von der Oscar Hahn GmbH. Sie hatten um einen Rückruf gebeten. Wie kann ich Ihnen behilflich sein?"

David ist etwas angespannt, da er keine Ahnung hat, was ihn erwartet.

„Gut, dass Sie zurückrufen. Ich hoffe, Sie können auch die nötigen Entscheidungen treffen. Lieber wäre es mir ja, wenn ich mit Herrn Hahn persönlich sprechen könnte."

Nach diesem Einstieg verspannen sich Davids Nacken und Schultern, aber er fragt höflich: „Worum handelt es sich denn?"

„Es geht um das Angebot für die zwanzig Eigentums-
wohnungen. Sie müssen noch mal ein neues Angebot
einreichen, da der Bauträger einige Änderungen vorgenommen hat. Das Angebot muss in fünf Tagen vorliegen,
sonst können wir Ihre Firma nicht berücksichtigen. Ich
schicke Ihnen eine E-Mail mit den Details."

David kennt das Projekt, war aber nicht direkt invol-
viert. Hahn hatte sich darum gekümmert. Daher sagt
er nur: „Danke für die Information. Ich werde mich der
Sache annehmen. Sie hören von mir."

Nachdem David aufgelegt hat, lässt er seinen Kopf
langsam auf die Tischplatte sinken. Er weiß, wie viele
Wochen Arbeit in dem Angebot für die zwanzig Eigen-
tumswohnungen stecken. Es jetzt in fünf Tagen zu
überarbeiten, scheint ihm völlig unmöglich, gerade weil
Hahn nicht da ist und er die Sache genau analysieren
muss.

"Ich schaffe das nicht, ich will das alles nicht mehr"
sind Gedanken, die ihm durch den Kopf schießen. In
diesem Moment würde er am liebsten alles hinschmeißen und sich an einen abgelegenen Ort verkriechen. Mit
dem Kopf auf dem Schreibtisch kommen David wieder
Leos Worte in den Sinn: „Sie haben die Verantwortung
für Ihren Zustand!"

David merkt, wie ihn diese Worte zornig machen,
aber aus irgendwelchen Gründen richtet er sich auf
und macht aus lauter Verzweiflung die Übung, die Leo
ihm gezeigt hat. Er zieht die Schultern zurück, nimmt
ein paar tiefe Atemzüge und versucht, seinen ganzen
Körper zu spüren. David entspannt sich und es gelingt

ihm immer wieder für kurze Momente, alles einfach nur wahrzunehmen, ohne es gleich verändern zu wollen. Es kommt ihm so vor, als bekäme er etwas mehr Abstand zu den Dingen. Weil sich das gut anfühlt, verweilt er für einige Augenblicke länger als sonst in diesem Zustand. Zu seiner Verwunderung fühlt er sich danach wieder etwas kraftvoller und energiegeladener als vorher. „O.K., was sind die nächsten Schritte?", fragt er sich.

Mit leichtem Widerwillen schaut David in sein Postfach und sucht nach der E-Mail, die Herr Maier angekündigt hat. Sie ist schon da und David beschließt als erstes mit seinem Kollegen Michael zu sprechen, der an der Angebotsorstellung beteiligt war.

Am Schreibtisch seines Kollegen angekommen, erzählt David ihm vom Telefonat und warum das Angebot überarbeitet werden muss.

Michael geht sofort in eine Abwehrhaltung: „David, wir haben wochenlang an dem Angebot gesessen und nun sollen wir es mal eben in fünf Tagen komplett überarbeiten!? Wie stellst du dir das vor ohne Herrn Hahn? Ich bin schon ohne dieses Angebot voll mit Arbeiten, die er mir zusätzlich übertragen hat!"

David hat mit so einer Reaktion gerechnet und wenn er ehrlich zu sich ist, würde er an Michaels Stelle genauso reagieren. David fehlt aber die Zeit zum Diskutieren, daher schaut er seinem Kollegen nur in die Augen und sagt: „Michael, ich kann das gut nachvollziehen. Mir würde es an deiner Stelle ganz genau so gehen. Was schlägst du vor? Um ehrlich zu sein, kann ich mir gerade auch nicht vorstellen, wie das in der kurzen Zeitspanne zu machen ist."

David merkt, wie überrascht der Kollege von seiner Reaktion ist. Beide schweigen. Michael unterbricht die Stille: „O.K., es hilft ja nichts. Ich schaue mir die E-Mail mit den Änderungswünschen an und verschaffe mir einen Eindruck."

„Danke, Michael, ich weiß das sehr zu schätzen. Ich bitte Herrn Hahn um ein Gespräch, da wir es nicht ganz ohne ihn schaffen werden. Bitte guck in der E-Mail nach den Punkten, die wir mit Herrn Hahn klären müssen."

Michael nickt. „Ja, das kann ich machen."

David bedankt sich und ist schon fast aus der Tür, als er sich noch mal umdreht. „Lass uns vorm Feierabend noch mal kurz zusammenkommen, um zu schauen, wo wir stehen."

Michael ist einverstanden.

Beide arbeiten sich nun unabhängig voneinander ins Thema ein. Und Herr Hahn hat sich spontan bereiterklärt, am Abend mit David zu sprechen. Es gelingt David, einigermaßen konzentriert zu arbeiten. Er schafft es sogar zwischendurch, einen bewussten, tiefen Atemzug zu nehmen und seinen Körper leomäßig zu spüren, wenn auch nur ansatzweise. Dabei muss er immer wieder über sich schmunzeln, so ungewohnt ist es für ihn.

Vor seinem Feierabend schaut Michael in Davids Büro vorbei und bespricht mit ihm, welche Fragen mit Hahn zu klären sind. Nachdem Michael die Firma verlassen hat, sortiert David seine Gedanken, atmet ein paar Mal tief durch, spürt seinen Körper und wählt Hahns Nummer.

„Was gibt es denn so Dringendes?", sind Hahns erste Worte. David erzählt von seinem Gespräch mit Herrn Maier und dass er in wenigen Tagen ein überarbeitetes Angebot braucht. Hahn ist außer sich und findet das Ansinnen von Herrn Maier eine Frechheit. Er schimpft, weil er schon so viel Arbeit investiert hat.

Zu Davids eigener Überraschung unterbricht er seinen Chef einfach: „Ich verstehe Ihren Ärger sehr gut, aber was machen wir nun? Wir haben keine Zeit, uns lange zu beschweren."

Stille auf der anderen Seite. „Herr Hahn, sind Sie noch da?"

„Ja, ich bin noch da. Ich denke nach ..."

David ist erstaunt. Das hat er selten erlebt. ‚Still' und ‚nachdenklich' sind nicht unbedingt Eigenschaften, die er mit Hahn in Verbindung bringen würde. Allerdings kann er sich auch an keine Situation erinnern, in der er seinem Chef so klar ins Wort gefallen wäre. Es entsteht ein konstruktives Gespräch zwischen den beiden und sie entwickeln eine genaue Strategie, wie sie mit der Überarbeitung vorgehen wollen.

Danach wechselt Hahn den Fokus. „Wie sieht es mit der Nachhaltigkeitsstrategie aus?"

David merkt, dass er sich schon bei dem Wort ‚Nachhaltigkeitsstrategie' zu verkrampfen beginnt. „Was soll ich sagen, es ist kaum Zeit, sich damit zu beschäftigen und das Thema ist nun mal sehr komplex." David macht eine Pause und sucht nach passenden Worten.

Doch Hahn redet weiter: „Ja, ich kann das verstehen. Sie haben momentan viel um die Ohren und der zusätzliche Zeitaufwand für die Änderung des Angebots macht es bestimmt nicht leichter. Doch ich bin mir sicher, Sie bekommen das hin. Ich sage es noch mal: Lassen Sie uns den Ball für die Strategie so flach wie möglich halten. Dann ist es machbar."

David ist verblüfft. Hat Oscar Hahn wirklich Verständnis geäußert? Das ist so selten, dass bei David ein kleiner Hoffnungsschimmer entsteht, auch wenn er Hahns Appell gehört hat und den damit verbundenen Druck deutlich spürt.

Nachdem David aufgelegt hat, lehnt er sich in seinem Bürostuhl weit zurück und legt die Füße auf den Schreibtisch. Sein Blick wandert durch das Büro und bleibt an dem Garderobenständer hängen, den Emily für ihn besorgt hat.

In diesem Moment wird ihm klar, dass er sich in der Komplexität von Beruf und Familie mit all den unterschiedlichen Aufgaben und Anforderungen verloren hat. „Was kann ich tun? Wie kann ich das angehen? Ich brauche Unterstützung", sind Gedanken, die ihm durch den Kopf schwirren.

Es ist sehr spät geworden. David macht sich auf den Weg nach Hause.

Ein Morgen mit Sorgen

Als David am nächsten Morgen schlaftrunken aufwacht und auf seinen Wecker schaut, ist er schlagartig wach. Er hat verschlafen. David eilt ins Bad und macht sich fertig. Aus der Küche dringt laute Musik. „Was ist da los?", fragt sich David, dem überhaupt nicht nach lauter Musik zumute ist.

In der Küche sieht er Jenny fröhlich durch den Raum tanzen. David macht die dröhnende Musik aus und blafft sie an: „Du bist hier nicht alleine!"

Jenny dreht sich zu David um, schaut ihn gleichmütig an und sagt: „Sorry, ich bin eben noch in Partylaune."

„Was soll das denn bedeuten?", will David wissen.

„Unsere Tochter hat durchgemacht", erklärt Emily. „Sie bekommt jetzt einen doppelten Espresso und geht dann in die Schule. Und ihr ist klar, dass das unter der Woche nicht noch einmal vorkommt."

Jenny verdreht die Augen und geht sich umziehen.

„Du nimmst das ganz schön gelassen."

Emily lächelt. „Ich hatte gestern ein Gespräch mit meiner Chefin. Sie hat Verständnis für meine Einwände und wird es im Vertrag berücksichtigen. Das ist gut gelaufen!"

„Das freut mich für dich", sagt David und blättert schnell durch die Tageszeitung.

Emily mustert ihn. „Du bist spät dran, kann das sein?"

„Ich habe den Wecker ausgemacht und bin offenbar noch mal tief eingeschlafen. Das ist mir schon lange nicht mehr passiert."

„David, ich mache mir wirklich Sorgen um dich. Wenn das so weitergeht, bist du auf dem besten Weg ins Burn-out." Emily streicht ihm weiter über den Kopf und legt ihre Stirn in Falten. „Wir müssen eine Lösung für diese Situation finden, bevor etwas Schlimmeres passiert."

David setzt sich langsam auf. „Du hast recht, Emily, aber ich habe keine Idee, wo ich ansetzen kann."

Emily überlegt. „Lass uns die Situation nochmal betrachten. Wie war dein Zustand, als du in die Küche kamst?"

David schaut an die Decke. Er geht in Gedanken die Situation durch: „Ich war schläfrig, gestresst, da ich zu spät aufgestanden bin und schon dabei zu überlegen, was ich als nächstes tun muss."

Emily sieht David nickend an: „Hast du Leos Übung gemacht?"

„Nein", antwortet David zögerlich, da er ahnt, wo Emily das Gespräch hinsteuern möchte.

Emily bemerkt es und lässt sich nicht beirren. „Probiere es doch mal aus mit Leo. Was er dir bisher gezeigt hat, war manchmal schon hilfreich."

David nickt. „Ja, irgendwas war schon anders, auch wenn ich nicht weiß, was und warum."

„David, gib dir bitte einen Ruck und Leo eine Chance. Du hast dabei nichts zu verlieren."

David wirkt in sich gekehrt. „Eigentlich hast du recht. Zu verlieren habe ich nichts. O.K., ich mache einen Termin mit ihm und danach sehen wir weiter."

Emily atmet auf und ihr Gesicht entspannt sich. Auch David holt wieder tief Luft und wirkt gelöst. Er gibt Emily einen Kuss, schnappt sich seine Sachen und macht sich auf den Weg ins Büro. Im Wagen wählt er Leos Nummer.

Die zweite Begegnung mit Leo

Leo wohnt außerhalb der Stadt auf einem kleinen Hof. David erfasst mit einem Blick das kaminrote Wohnhaus und zwei niedrige Nebengebäude. Das Haus ist von einem Lattenzaun aus honigfarbenem Holz umgeben. David öffnet das Tor und geht zur Haustür. Hier klebt ein Zettel, auf dem steht: ‚Bin im Garten. Bitte dem Weg um das Haus herum folgen.‘

David fällt auf, wie gepflegt alles ist, Beete mit Büschen, dazwischen Tulpen und Osterglocken. Jemand legt großen Wert auf den Garten und hat ihn sorgsam angelegt, denkt David und folgt einem Weg aus weißen Steinen hinter das Haus, wo sich der Garten ausdehnt. Hier, auf der Mitte einer Wiese, steht ein Pavillon als Zentrum der Anlage.

Nach vorne und zu den Seiten öffnet sich der Pavillon zum Garten. Die Rückseite ist geschlossen und beherbergt eine gemütliche Sitzecke aus massivem Holz. Leo liegt auf einer der Bänke und schaut an die Decke des Pavillons. Zögerlich kommt David näher.

Ohne David anzuschauen, sagt Leo: „Herzlich willkommen, David. Schön, dass Sie hier sind."

David antwortet verhalten: „Danke, dass Sie sich die Zeit nehmen, Leo. Schön haben Sie es hier."

Nun richtet sich Leo auf und schaut David das erste Mal an.

Er fordert ihn auf, sich zu setzen und David lässt sich auf einer der Bänke nieder. Von hier blickt David auf einen kleinen Teich, an dessen Ufer Schilf wächst. Weiter entfernt steht eine Gruppe von Kiefern.

Leo sagt: „Ich liebe diesen Ort. Er gibt mir Kraft und die nötige Klarheit, um mit den Herausforderungen des Lebens umzugehen. Haben Sie auch so einen Ort, David?"

Ohne groß über die Frage nachzudenken, antwortet er: „Nein".

Dann hält er kurz inne und sagt mit einem Lächeln: „Ich hatte so einen Ort, als ich ein Kind war. Eine riesige Eiche an einem kleinen Fluss. Dort bin ich immer hingegangen, wenn ich alleine sein wollte. Daran habe ich schon lange nicht mehr gedacht."

„Vielleicht sollten Sie mal wieder dort hingehen, David. Es scheint, dass Ihnen allein der Gedanke daran schon guttut."

Leo sieht David an und schweigt für einen Moment. Dann spricht er weiter: „Nun, David, ich bin mir sicher, Sie sind nicht zu mir gekommen, um meinen Garten zu bewundern. Ich vermute, das Wasser steht Ihnen bis zum Hals und Sie wissen selbst keinen Ausweg. Bestimmt hat auch Emily dazu beigetragen, dass Sie jetzt hier sind."

David nickt nur leicht, ohne etwas zu sagen. Er fühlt sich ertappt.

Nach einem Moment der Stille setzt Leo wieder an: „Wissen Sie, David, das ist ganz normal. Die meisten

Menschen glauben, es ist ein Zeichen von Schwäche, wenn sie sich Unterstützung von einem Coach holen. Im Sport scheint das ganz normal zu sein, doch beruflich und privat sieht es oft anders aus. Wir glauben, wir müssten es irgendwie allein schaffen und uns kann sowieso keiner richtig helfen. Glauben Sie das auch, David?"

David ist in sich gekehrt und sucht nach einer Antwort. „Ja, ich denke schon", antwortet er schließlich leise.

„Herzlichen Glückwunsch, David. Das ist eine wichtige Erkenntnis. Es erfordert Mut, das offen zu sagen."

Leo macht eine Pause und David nutzt den Moment, das Gesagte auf sich wirken zu lassen.

„Wofür sind Sie hier, David, was wollen Sie erreichen?", fragt Leo. Er schaut David wieder direkt in die Augen und schweigt.

„Ich weiß gar nicht, wo ich anfangen soll", sagt David. „Die letzten Wochen waren so vollgepackt mit all meinen Projekten und Dingen, die in der Familie passiert sind, dass ich gar nicht mehr weiß, wo mir der Kopf steht. Mein Chef ist im Ausland und Aufgaben türmen sich auf meinem Schreibtisch. Ich soll eine Nachhaltigkeitsstrategie entwerfen, muss Angebote kurzfristig neu erstellen und ..."

„David!", Leos Stimme ist eindringlich.

David zuckt leicht zusammen und schaut Leo fragend an.

„Bevor Sie weiterreden, machen Sie erst mal die Übung, die ich Ihnen das letzte Mal gezeigt habe." Er signalisiert David, die Übung für sich durchzuführen und wendet seinen Blick ab.

David setzt sich aufrecht hin. Dann konzentriert er sich auf seine Atmung, nimmt ein paar tiefe Atemzüge und richtet die Aufmerksamkeit auf seinen gesamten Körper. Er kann sich komplett spüren und merkt, wie er sich sofort entspannt. Als David die Augen wieder öffnet, landet sein Blick direkt in Leos Augen. Er fühlt eine tiefe Wertschätzung in seinem intensiven Blick.

„Wie oft haben Sie die Übung durchgeführt und welche Erfahrungen haben Sie dabei bisher gemacht, David?"

David fühlt sich ertappt. Er weiß genau, dass er nicht sehr konsequent geübt hat.

„Nun ja, ich habe die Übung ein paar Mal gemacht und muss zugeben, dass sich danach immer etwas verändert hat. Allerdings bin ich skeptisch, dass das nur an der Übung liegt. Die Übung kann die Komplexität meiner Aufgaben ja nicht verringern!"

Leo wendet den Blick von David ab und sagt nur: „Stimmt, und weiter?"

„Wie, und weiter?", David ist verwirrt.

„Was kann denn die Komplexität Ihrer Meinung nach verringern, David?", fragt Leo, wendet sich zu David und schweigt.

David zuckt mit den Schultern. „Wenn ich das wüsste. Ich habe gehofft, Sie können mir diese Frage beantworten."

Leo lächelt. „Das glauben Sie also wirklich?" Leo macht eine kurze Pause. „Wie schaut es eigentlich mit Ihrem Vertrauen in sich selbst aus, David?"

David überkommt ein ungutes Gefühl. Er merkt, wie sich sein ganzer Körper auf einmal anspannt. Leo hat einen Nerv getroffen. David sucht nach passenden Worten, doch Leo spricht einfach weiter: „Wissen Sie, David, ich habe Ihnen eine Übung gezeigt. Die entscheidende Frage ist nicht, ob die Übung funktioniert. Wichtiger ist, ob sie Sie wieder in Kontakt mit sich selbst bringt. Der schnellste Weg, Komplexität zu reduzieren, ist nämlich Vertrauen und das beginnt mit Ihrem Selbstvertrauen. Wenn Sie sich selbst nicht vertrauen, werden Sie nie den Grad des Vertrauens aufbringen, den der Umgang mit der zunehmenden Komplexität in Ihrem Leben erfordert. Lassen Sie uns doch mal auf die konkreten Situationen schauen, in denen Sie die Übung genutzt haben. Was haben Sie beobachtet?"

David lässt seinen Blick zu den Kiefern schweifen. Er überlegt und sagt dann: „Mir fällt eine Unterhaltung mit Emily ein und eine Bauleiterbesprechung. Das Gespräch mit Emily hatte sich für mein Gefühl in die falsche Richtung bewegt. Wir hatten uns immer weiter voneinander entfernt. Während Emily zur Toilette ging, habe ich die Übung durchgeführt. Als sie wiederkam, veränderte sich das Gespräch zum Positiven."

Leo hört zu und nickt.

„Die andere Situation war während einer Bauleiterbesprechung. Ein Kollege hat mich verbal angegriffen, doch zu meiner eigenen Überraschung erinnerte ich mich an die Übung und es ist mir gelungen, dadurch ruhig zu bleiben, und klar und bestimmt zu antworten. Danach lief das Meeting anders weiter, irgendwie entspannter. Ich bin immer noch etwas verwundert darüber, wenn ich das erzähle."

„Interessant", sagt Leo und macht eine kurze Pause. „Was haben Sie danach wahrgenommen und wie hat es sich angefühlt?"

David schließt die Augen und nimmt sich Zeit, in die Situationen zurückzugehen. „Ich spürte wieder mehr Souveränität, Klarheit und Vertrauen darauf, dass ich das irgendwie schon hinbekomme. Ich hatte auch das Gefühl, wieder mehr Raum zu haben und entspannter zu sein."

Leo ermutigt David, noch mal in sich zu gehen und weiter zu forschen.

David ist in sich gekehrt und beginnt ruhig zu sprechen: „Jedes Mal war es, als ob ein anderer oder eine andere Stimme die Führung in mir übernommen hätte. Das war eigentümlich. Diese Stimme war entschiedener, kraftvoller und klarer. Das schien sogar den Bauleitern und auch Emily aufzufallen. Sie wirkten erstaunt und Emily sprach mich später darauf an."

Leo hat aufmerksam zugehört.

„David, ich möchte an dieser Stelle noch mal auf die Frage zurückkommen, wofür Sie hier sind. Mir ist es wichtig, dass wir Transparenz darüber haben, woran wir gemeinsam arbeiten. Aus meiner Erfahrung ist es sinnvoll, an dem Thema, das Sie eben beschrieben haben, dran zu bleiben. Ich schlage vor, wir machen uns für die heutige Sitzung zum Ziel, dieses unterschiedliche Erleben, von dem Sie erzählt haben, näher zu beleuchten. Das ist nur ein Vorschlag, bitte prüfen Sie, ob das für Sie stimmig ist."

David nickt. „Ja, irgendetwas sagt mir, dass das hilfreich sein könnte."

„O.K., dann lassen Sie uns an diesem Punkt weitermachen."

Leo steigt erneut ins Thema ein. „Wenn ich Sie richtig verstanden habe, dann war es so, als ob unterschiedliche Stimmen in Ihnen waren." David bejaht es.

Leo spinnt den Faden weiter. „Dann kennen Sie das Gefühl, hin und her gerissen zu sein, auch aus anderen Situationen, David, wenn es sich so anfühlt, als hätten wir mehrere Stimmen in uns?"

„Oh ja", entgegnet David prompt. „Es fühlt sich tatsächlich manchmal so an, als gäbe es sehr unterschiedliche Stimmen in mir, und jede dieser Stimmen will etwas anderes. Das ist manchmal anstrengend und kann verwirrend sein."

„Sie sagen es", stimmt Leo zu. „Wir sind nun mal komplexe Wesen und haben diese verschiedenen Stimmen in uns. Sie entstammen unterschiedlichen Teilen unserer Persönlichkeit und es ist nicht immer einfach, den Überblick zu behalten." Leo verändert seine Sitzposition und spricht dann weiter: „Wenn Sie diesen unterschiedlichen Stimmen Namen geben würden, wie würden Sie sie nennen?"

„Namen?", wiederholt David verwundert.

„Namen, Eigenschaften oder Funktionen, was auch immer Ihnen stimmig erscheint", erläutert Leo.

„O.K., ich probiere es mal." David lässt seinen Blick zu den Baumwipfeln schweifen und geht mit seiner Aufmerksamkeit in sich. „Auf jeden Fall gibt es da einen Perfektionisten ... und einen leicht überforderten Teil in mir, aber auch einen neugierigen. Vielleicht auch einen ängstlichen, der nicht weiß, wohin das alles führen wird und einen Teil, der dadurch sehr vorsichtig wird. Es sind bestimmt noch mehr, aber diese sind mir gerade bewusst."

„Was passiert, wenn Sie zum Beispiel in den ängstlichen Teil ganz hineingehen?", fragt Leo.

David schließt die Augen und versucht es.

„Wie verändert sich Ihr Erleben, David? Versuchen Sie das so genau wie möglich wahrzunehmen."

Nach einem Augenblick der Stille reißt David plötzlich die Augen auf und sagt: „Dann begegne ich da draußen allem mit Angst. Alles macht mir Angst. Das ist krass!" David ist geschockt von dieser Erkenntnis und atmet schwer.

„Das ist der Punkt, David", entgegnet Leo mit wohlwollender Stimme. „Es kommt immer wieder vor, dass wir uns stark mit einem Teil identifizieren, so dass wir sozusagen zu diesem Teil werden und uns selbst und die Welt nur noch auf eine ganz bestimmte Art und Weise wahrnehmen. Alles andere wird dann ausgeblendet und wir verlieren den Kontakt zum Rest von uns."

„Genau so habe ich es eben erlebt!" David klingt verblüfft. „Es kam mir vor, als wäre ich gewissermaßen die Angst, so dass nichts anderes mehr spürbar war. Sie hat mich komplett in Beschlag genommen."

„Sie sagen es, David. In diesem Moment sind Sie so mit einem Teil verklebt, dass für nichts anderes mehr Platz ist."

David nickt.

„Daher besteht der erste Schritt immer darin, sich von diesen Verklebungen zu lösen und in einen geeigneteren Zustand zu kommen", fährt Leo fort. „Gibt es einen Teil in Ihnen, der Ihnen dabei helfen kann?"

David überlegt. „Da gibt es diesen Teil, der anscheinend immer nach der Übung, die Sie mir gezeigt haben, aktiv wurde. Ich weiß nicht, wie ich den nennen soll." David schaut Leo fragend an.

„Wir können ihn zunächst innere Führung nennen, aber an dieser Stelle geht es erst mal darum, diesen Teil etwas näher kennenzulernen."

Leo setzt sich aufrecht hin und schaut David direkt in die Augen. „Was halten Sie von einem Experiment, David? Das ganze Gerede bringt Sie am Ende des Tages nicht weiter. Was zählt ist die Erfahrung selbst!"

Das kommt David bekannt vor. „Ja, warum nicht?", antwortet er neugierig.

„O.K., dann nehmen Sie bitte eine aktive und aufrechte Körperposition ein. Schließen Sie die Augen und bringen Sie sich selbstständig in den Grundmodus. Geben Sie mir ein Zeichen, wenn Sie Ihren Körper intensiv spüren."

Während David versucht, sich an den genauen Ablauf der Übung zu erinnern, bemerkt er, wie auf einmal die Musik und der spezielle Rhythmus des Audioprogramms in ihm entstehen. Er folgt dem damit verbundenen Gefühl und ist recht zufrieden mit dem Ergebnis, als er Leo das Signal gibt, fortzufahren.

Leo übernimmt.

„Sie spüren nun Ihren gesamten Körper. Spüren Sie Ihre Präsenz und gehen Sie jetzt in Verbindung mit Ihrer inneren Führung. Seien Sie neugierig, wie das ganz von allein geschieht. Spüren Sie das Gefühl von Vertrauen und Souveränität, das mit der inneren Führung verbunden ist."

Leo gibt David einen Augenblick, bis er fortfährt.

„Spüren Sie in sich, was gute Führung ausmacht. Wie fühlt sich gute Führung für Sie an? Nutzen Sie die Bilder, die jetzt dazu in Ihnen entstehen."

Nach einiger Zeit fährt Leo fort.

„Sie haben den inneren Leader jetzt aktiviert, ... spüren seine besonderen Qualitäten. Nehmen Sie nun konsequent seine Position ein und betrachten Sie einen Moment lang Ihre momentanen Herausforderungen nur aus seiner Perspektive, vom Platz der inneren Führung aus."

Leo ist eine Weile still, bevor er David auffordert, mit seiner Aufmerksamkeit wieder in den Garten zurückzukommen und zur Bank, auf der er sitzt.

David öffnet langsam die Augen und Leo fragt nach: „Was haben Sie erlebt, David?"

„Wow!" David schüttelt sich und sucht nach den richtigen Worten. „Es war, als wäre ich auf eine andere Ebene gekommen, als könnte ich mich und mein Leben von außen betrachten. Gleichzeitig war ich erstaunlich entspannt und habe mich vom ganzen Trubel nicht aus der Ruhe bringen lassen. Das hat sich gut angefühlt, kraftvoll und souverän. Interessante Erfahrung ..."

„Ja, es ist spannend, was passiert, wenn wir in diesen Zustand kommen. Allerdings müssen wir auch diesen

Zustand regelmäßig trainieren. Der kommt nicht von allein."

„Das habe ich befürchtet", entgegnet David mit selbstsicherer Stimme.

Leo schlägt vor, einen Schritt weiter zu gehen. „Nehmen Sie noch mal bewusst die Position der inneren Führung ein, David." Leo bleibt für einen Moment stumm und David hat Zeit, sich in die Position zu begeben. „Sind Sie so weit?"

David nickt.

„O.K., nun gehen Sie gedanklich in eine Situation, in der Sie sich völlig überfordert fühlen. Gehen Sie richtig hinein und spüren Sie auf allen Sinnesebenen, wie sich das anfühlt. Versuchen Sie dieses Gefühl dann einzufrieren und abzuspeichern. Haben Sie es?"

Nach einem Moment nickt David.

„Jetzt nehmen Sie wieder die Position der inneren Führung ein und halten diese für ein paar Sekunden. Danach gehen Sie wieder zurück in das Überforderungsgefühl, das Sie abgespeichert haben. Pendeln Sie zwischen beiden Positionen mindestens zehn Mal hin und her und enden Sie dann mit der Position der inneren Führung. Nehmen Sie sich ruhig Zeit und gehen Sie mit allen Sinnen in beide Positionen, so intensiv, wie es Ihnen möglich ist." Leo lehnt sich auf seiner Holzbank zurück.

Nach ein paar Minuten öffnet David wieder die Augen.

„Warum sollte ich zwischen beiden Zuständen hin und her wechseln? Die Position der inneren Führung gefällt mir deutlich besser und ich wäre lieber die ganze Zeit dort geblieben."

Leo nickt.

„Das kann ich mir gut vorstellen, David. Der Punkt ist, dass es Ihnen im Alltag nicht gelingen wird, die ganze Zeit in der Führungsposition zu bleiben. Sie werden immer wieder in Situationen kommen, in denen Sie eher das Überforderungsgefühl spüren. Das ist normal und überhaupt kein Problem."

Leo sagt einen Moment lang nichts. Als David meint, Leos Idee erfasst zu haben, nickt er und Leo fährt fort.

„Da das Überforderungsgefühl Ihnen vertrauter ist, ist es am Anfang klar im Vorteil. Es ist sozusagen das eingefahrenere Gefühl. Doch wenn Sie zwischen beiden Gefühlen hin und her pendeln, machen Sie sich das zunutze."

„Wie das?", will David wissen.

„Einfach indem Sie den gewünschten neuen Zustand mit dem älteren koppeln. Wenn Sie regelmäßig üben, dann etablieren Sie dadurch ein neues Muster. Immer wenn das Gefühl der Überforderung auftaucht, nutzen Sie es als Auslösereiz, um wieder in die Position der inneren Führung zu pendeln. Aber ..."

„Ich weiß, das passiert nur durch trainieren", unterbricht David Leo mit einem Lächeln.

Leo bestätigt es: „Sie haben es erkannt!"

„Das heißt aber auch, Sie sollten sich nicht überfordern, David. Den Fehler machen nämlich die meisten Menschen. Sie glauben, wenn eine Übung nicht sofort und immer greift, dann wäre sie nicht gut. Aber so funktioniert unser Gehirn nicht. Veränderungen brauchen Zeit und Übung, oder anders gesagt, viele Wiederholungen."

Leo schweigt und David ergreift wieder das Wort: „Ich versuche, das bis hierhin für mich zusammenzufassen. Um mit der Komplexität im Außen gut umgehen zu können, muss ich erst meine eigene innere Komplexität zulassen. Das finde ich übrigens einen total interessanten Gedanken."

Leo nickt zustimmend.

„Um mit meiner inneren Komplexität gut umgehen zu können, sollte ich zuerst immer in einen optimalen Zustand kommen. Ich sollte dann schauen, was gerade in mir los ist und mich von Verklebungen mit einzelnen Stimmen lösen."

Leo blickt David aufmunternd an.

„Dafür brauche ich den Zustand der inneren Führung, weil der mir hilft, Abstand zu gewinnen. Wenn ich diesen Zustand regelmäßig trainiere und ihn mit den Situationen meines Alltags verkopple, entstehen neue Möglichkeiten, weil ich dem Außen anders begegne, richtig?"

David blickt Leo fragend an.

Leo richtet sich auf und sagt: „Ich hätte es nicht besser zusammenfassen können. Sie lernen wirklich schnell, David. Allerdings ist und bleibt das Entscheidende das Üben und die praktische Anwendung."

„Glauben Sie mir, Leo, das habe ich nun verstanden", antwortet David mit einem Schmunzeln.

„Verstehen ist mit Sicherheit der leichtere Part", antwortet Leo mit einem freundlichen Lächeln. „Es besteht immer wieder die Gefahr, dass Sie sich im Alltag in diesen einzelnen Teilen verlieren. Das Geheimnis besteht darin, sich nicht zu lange dort aufzuhalten, sondern schnell wieder in die innere Führungsposition zu kommen, denn von dort aus sollten Sie die nächsten gangbaren Schritte festlegen oder entstehen lassen."

Wie aus dem Nichts hat Leo eine Karte in der Hand und übergibt sie David. „Hier, das soll Sie unterstützen, David. Laden Sie sich diese Datei mit einer neuen flow-Zeit herunter. Damit werden Sie schnell Fortschritte machen und zum Meister werden im Einnehmen der inneren Führung. Denken Sie daran, das ist der Schlüssel zum Umgang mit der inneren und der äußeren Komplexität."

David nimmt die Karte und bedankt sich.

Leo nickt nur und fragt: „Sie finden den Weg zurück?"

David verabschiedet sich und folgt dem Weg mit den weißen Steinen, vorbei am Teich und durch das geschwungene Tor, zurück zu seinem Wagen. Hier sieht er sich in Ruhe die Karte an, die Leo ihm gegeben hat.

2. Kernkompetenz:
Gewinne Abstand!

Kernbotschaft:
Komplexität braucht Vertrauen!

Es ist ein Irrtum, zu glauben, eine komplexe äußere Welt lässt sich allein mit dem Verstand in den Griff bekommen. Erst wenn wir die Komplexität in uns selbst zulassen, können wir auch der äußeren erfolgreich begegnen. Wie das?

1. Kreiere deinen optimalen Zustand!

2. Nimm wahr, was gerade in dir aktiv ist. Löse die Verklebungen.

3. Baue die Position der inneren Führung auf.

4. Finde aus ihr heraus deinen nächsten Schritt.

Zur Unterstützung kannst du dir das zweite Audioprogramm flow-Zeit zur zweiten Kernkompetenz aus unserem kostenlosen Online-Ressourcenbereich herunterladen.

Gehe dafür auf www.work-life-buch.de

TEIL 3: Verstehen

Kleine Lichtblicke

Die Sitzung mit Leo hat David motiviert. Er hat sich vorgenommen, das Gelernte zu nutzen und dafür in seinen Kalender feste Termine, um regelmäßig zu üben, eingetragen. Auch zwischendurch versucht er immer wieder für ein paar Minuten nach innen zu gehen, sich zu spüren und sich mit seiner inneren Führung zu verbinden.

David sitzt in seinem Büro am Nachhaltigkeitskonzept. Während er seine Notizen ansieht, wird ihm immer mehr bewusst, wie komplex das Thema ist. Je tiefer er ins Konzept einsteigt, desto mehr steigt der Druck. Es scheint ihm unmöglich, das Projekt in der veranschlagten Zeit zu schaffen. Panik macht sich breit. David versucht gegenzusteuern. Er darf sich jetzt nicht in einzelnen Persönlichkeitsteilen verlieren, sondern muss aus der Position der inneren Führung heraus handeln. Leos Worte kommen ihm in den Sinn: „Entscheidend ist der Zustand, in dem Sie den Dingen begegnen, David." Er legt die Notizen zur Seite, greift nach seinen Kopfhörern und dem Handy und startet die neue flowZeit, die Leo ihm gegeben hat.

Mit der ersten Form der flowZeit hat David schon ein paar Mal trainiert. Sobald er die Augen schließt und der vertrauten Musik lauscht, merkt er, dass er sich etwas entspannt. Erst in diesem Moment realisiert David, wie aufgewühlt er ist. Zu viele Gedanken gehen ihm durch den Kopf. Unterschiedlichste Teile seiner Persönlichkeit sind aktiv und entwickeln ein Eigenleben, das er kaum noch steuern kann. Dieses Durcheinander macht ihn unruhig und führt zur Panik, die sich manchmal in ihm ausbreitet. Dank der flowZeit gelingt es David, in die Position der inneren Führung zu kommen. Er gewinnt etwas Abstand zu den aktivierten und aufgewühlten Anteilen, was ihm guttut.

Je größer der Abstand wird, desto ruhiger wird David. Seine Atmung wird tiefer und er spürt, wie sich sein gesamter Körper entspannt und in ihm ein Gefühl von Raum und Weite entsteht. Allmählich gelingt es ihm, sich mit dem Zustand der inneren Führung zu verbinden und er erlebt dabei Gelassenheit, Zuversicht und Vertrauen. Auch sein Sportsgeist erwacht wieder und seine Neugierde auf das, was passieren wird. Statt Panik spürt er jetzt eine gewisse Lust auf die anstehenden Herausforderungen. Konkrete Antworten und Lösungen hat er noch nicht, aber er spürt, dass es in ihm arbeitet.

Da kommt ihm eine Situation mit Leo in den Sinn. Leo wollte wissen, ob er glauben würde, alles alleine machen zu müssen und dass ihm keiner helfen kann. Für einen Moment sieht sich David als verbissener Einzelkämpfer, doch dann hat er eine Idee.

Er muss sich Unterstützung holen. Ihm ist klar, dass Hahn dafür keine Erlaubnis gegeben hat, doch wenn das Konzept in der geplanten Zeit fertig werden soll, braucht er Mitstreiter. Das ist David jetzt klar und er ist bereit, die

Verantwortung für seine Entscheidung zu übernehmen. David nimmt ein paar tiefe Atemzüge, öffnet die Augen und beendet die flowZeit.

Nachdem er wieder komplett im Hier und Jetzt angekommen ist, fragt er sich: „Wer könnte mich bei diesem Projekt unterstützen?"

Ohne groß darüber nachzudenken, fallen David zwei Kollegen ein, Klaus und Stefan. David wundert sich, dass ihm genau diese beiden Kollegen in den Sinn kommen, doch eine innere Gewissheit sagt ihm, dass er darauf vertrauen kann. David greift zum Hörer, ruft die Kollegen kurzerhand an, um einen Termin mit ihnen zu vereinbaren. Sie sind im Haus, und eine halbe Stunde später sitzen sie zu dritt im Meeting-Raum.

David eröffnet die Runde und bedankt sich bei Klaus und Stefan für ihre spontane Zusage. „Ich weiß, wie viel Arbeit jeder von euch hat und dass Zeit ein knappes Gut ist."

Klaus und Stefan nicken.

David fährt fort: „Kollegen, ich brauche eure Hilfe! Herr Hahn hat mir ein Projekt übergeben und ich schaffe es nicht alleine."

David hält kurz inne und macht dann die beiden mit dem Nachhaltigkeitsprojekt und dem Stand seiner bisherigen Arbeit bekannt.

Nachdem aufkommende Verständnisfragen geklärt sind, ergreift Klaus als erster das Wort: „Ich verstehe dein Problem nicht, David. Herr Hahn hat doch ganz klar gesagt, dass es ihm nur darum geht, keine rechtlichen

Probleme zu kriegen und sicherzustellen, dass wir die Richtlinien der Geldgeber erfüllen. Beides lässt sich doch leicht ermitteln und dann hast du die Grundlage für dein Konzept."

Dabei wirft Klaus David einen Blick zu, der ihn sofort an Hahn erinnert, aber noch bevor David etwas erwidern kann, poltert Stefan los.

„Wie kannst du nur so etwas sagen, Klaus? Du hast wohl nichts verstanden. Das Thema Nachhaltigkeit ist das zentrale Thema der Zukunft und wenn wir hier den Anschluss verpassen, können wir die Bude gleich dicht machen. Ich denke, Davids erste Überlegungen sind schon ein guter Anfang. Aber wir müssen hier noch viel tiefer einsteigen. Es geht schließlich auch um unsere Kinder und die zukünftigen Generationen."

Der belehrende Unterton in Stefans Stimme ist nicht zu überhören.

Klaus wendet den Blick von Stefan ab, als wolle er ihm sagen, dass er von diesem moralischen Quatsch nichts halte.

Davids erste Gedanken sind: „Na toll, jetzt fangen sie sich an zu streiten. Das bringt mich auch nicht weiter."

Er atmet einmal tief durch und bedankt sich dann für die Sichtweisen und Gedanken der Kollegen. Alle haben noch weitere Termine, und David findet es nicht sinnvoll, weiter ins Thema einzusteigen.

Er beschließt, das Meeting zu beenden. „Ich denke, wir belassen es für heute dabei. Für mich stellt sich an dieser Stelle nur die Frage, ob ich auf eure Unterstützung zählen kann."

Beide Kollegen erklären sich etwas zögerlich einverstanden. David bedankt sich und macht noch einmal deutlich, dass er weiß, wie viel Arbeit sie auch ohne dieses Projekt haben. Stefan und Klaus verlassen den Raum und David bleibt noch ein paar Minuten sitzen und denkt über das gerade Erlebte nach.

David ist verwundert, wie unterschiedlich die Perspektiven und Herangehensweisen sind. Wie kann es sein, dass ein Kollege so pragmatisch und kurzsichtig an das Thema herangeht und der andere darin ein entscheidendes Thema für die Zukunft des Unternehmens sieht? David realisiert, dass die beiden Kollegen so unterschiedlich wie er und Hahn sind. Seine erste Eingebung ist, sich andere Kollegen als Unterstützung zu suchen, doch dann entdeckt er darin auch eine Chance.

David hält einen Moment inne. Ihm kommt eine Idee: „Dieses Mal warte ich nicht, bis es gar nicht mehr geht, sondern hole mir gleich Unterstützung von Leo." Ohne zu zögern, greift David zum Hörer und macht einen neuen Termin mit Leo aus.

Kaum hat David aufgelegt, klingelt das Telefon. Es ist Emily.

„Ich gehe gleich zum Yoga und möchte noch wissen, ob du Philipp morgen zum Psychologen begleiten wirst."

David legt die Stirn in Falten. Es ist nicht Emilys Art, ihn wegen solcher Dinge im Büro anzurufen.

„Du weißt doch, dass diverse Tests wegen seiner Legasthenie gemacht werden."

„Ja, das weiß ich und wir haben den Termin extra in die Mittagszeit gelegt, damit ich ihn bringen kann. Dabei bleibt es. Ist sonst noch etwas?"

Emily schweigt einen Moment.

„Es gibt eine neue Kollegin, die in allen Bereichen hospitiert. Sie ist übereifrig, fragt uns Löcher in den Bauch, schreibt alles mit. Sie ist sehr bemüht und ich habe das Gefühl, eine echte Konkurrentin in der Firma zu haben."

„Du musst dir deswegen keine Sorgen machen. Du arbeitest bald Hand in Hand mit deiner Chefin."

„Das weiß ich." Emilys Stimme klingt gereizt.

David lächelt und versucht Emily aus der Reserve zu locken. „Ich glaube, du kannst deinen Zustand noch verbessern."

Emily schweigt.

„Du weißt schon: fokussiere dich auf deinen Atem und deinen Körper."

„Ich habe verstanden. Du schlägst mich gerade mit Leos Waffen." Emily lacht. „Da bin ich gleich beim Yoga genau richtig."

„So ist es", sagt David, wünscht ihr viel Spaß und verabschiedet sich von Emily.

Andere verstehen

David findet Leo im Pavillon hinter dem Haus. Leo legt seine Papiere weg, an denen er gearbeitet hat, und empfängt David freundlich: „Ich bin beeindruckt und freue mich, Sie so schnell wiederzusehen."

David antwortet leicht verlegen: „Danke, ich dachte, ich warte diesmal nicht bis zur völligen Erschöpfung." Ein Lächeln macht sich auf seinem Gesicht breit.

„Setzen Sie sich doch bitte." David lässt sich bei Leo am Tisch nieder.

„Wofür sind Sie heute hergekommen, David?", fragt Leo.

Nach kurzem Überlegen antwortet David: „Ich bin zu dem Entschluss gekommen, mir Unterstützung von zwei Kollegen für mein Projekt zu holen."

Leo nickt, David erzählt weiter. „Mir sind spontan zwei Kollegen in den Sinn gekommen und ich habe sie zu einem ersten Meeting gebeten. Im Meeting hat sich herausgestellt, dass die zwei nicht unterschiedlicher sein könnten. Ich hatte sogar das Gefühl, die beiden sind von den Typen her wie Hahn und ich."

Leo schmunzelt. „Und wie kann ich Sie in unserer gemeinsamen Zeit heute optimal unterstützen, David?", fragt Leo.

David formuliert seine Frage für heute: „Ich weiß nicht, wie ich den unterschiedlichen Herangehensweisen der beiden Kollegen sinnvoll begegnen kann. Ich hatte schnell das Gefühl, damit überfordert zu sein und gleichzeitig hat mir etwas gesagt, dass darin auch eine echte Chance liegen könnte."

David macht eine kurze Pause und verändert seine Körperposition, um in einen besseren Zustand zu kommen.

Leo sagt mit einem anerkennenden Ton: „Ich sehe, Sie haben geübt, David."

David nickt und sucht nach der richtigen Fragestellung: „Ich glaube, ich möchte wissen, wie ich mit den Kollegen gut und zielorientiert zusammenarbeiten kann. Ein Teil von mir will, dass sie einfach so denken wie ich, aber etwas sagt mir, dass wir damit keine Lösung finden."

Leo schaut David aufmerksam an. „Das ist eine äußerst wichtige Erkenntnis, die zeigt, dass Sie schon sehr weit sind, David. Ein weiser Mann hat mal gesagt: ,Wenn zwei Menschen im Raum sind, die genau dasselbe denken, fühlen, sagen und machen, dann ist einer von ihnen zu viel.'"

„Das klingt hart", denkt David und fragt: „Wie kann ich denn mit der Unterschiedlichkeit der Kollegen produktiv umgehen?"

Leo bleibt einen Moment stumm und antwortet dann: „Indem Sie zunächst einmal versuchen, gute Gründe für die Sichtweisen und Handlungen der Kollegen zu finden."

„Gute Gründe?", fragt David überrascht.

Leo nickt. „Ja, gute Gründe. Was ist meist unser erster Impuls im Umgang mit unterschiedlichen Meinungen?" Leo schaut David aufmunternd an.

Dieser geht für einen Moment in sich. „Ich vermute, der erste Impuls ist, das Gegenüber mit guten Argumenten von unserem eigenen Standpunkt überzeugen zu wollen." David macht ein Gesicht, als wäre es ihm unangenehm, das zuzugeben.

Leo blickt David wieder direkt an. „Ich bewundere Ihre ehrliche Antwort, David. Nach meiner Erfahrung liegen

Sie damit genau richtig. Und genau das ist meist der Start von ermüdenden, zähen und nicht enden wollenden Diskussionen, die keinem Freude bereiten und in der Sache nicht voranbringen."

„Ich befürchte, ich weiß genau, was Sie meinen, Leo", bestätigt David, blickt für einen Moment hoch in das kunstvolle Dach des Pavillons und sieht dann zu Leo: „Was kann ich jetzt ganz konkret tun?"

„Wissen Sie, David, eigentlich ist es ganz einfach und trotzdem in der Praxis für viele unendlich schwer. Der erste Schritt besteht darin, dem Gegenüber erst einmal richtig zuzuhören, sich komplett auf ihn oder sie einzulassen und wirklich verstehen zu wollen, worum es dem Gegenüber geht."

Leo macht eine Pause, um das Gesagte wirken zu lassen.

„Ah, und das schaffe ich am besten, wenn ich in einem guten Zustand bin, stimmt's?", stößt David hervor.

Leo nickt zufrieden. „Ja genau, David, der Zustand und die Position der inneren Führung sind der Schlüssel zu allem, die Basis, wenn Sie so wollen. Die ersten beiden Kernkompetenzen legen die Basis im Inneren der Person, um danach gut im Außen wirken zu können."

„Wie viele Kernkompetenzen gibt es?", will David wissen.

„Fünf, aber lassen Sie uns nicht vom Thema abweichen, alles zu seiner Zeit."

David nickt und lässt dabei seinen Blick über die Wiese wandern.

„Was beschäftigt Sie gerade, David?"

„Ich frage mich, warum viele Gespräche so zäh werden, wenn doch die Lösung so einfach zu sein scheint."

„Das frage ich mich auch manchmal, David. Aus meiner Erfahrung kann ich sagen, dass gute Lösungen immer sehr einfach sind, aber meist schwer umzusetzen."

David nickt. „Ich weiß genau, was Sie meinen."

Leo fährt fort: „Die Gründe dafür sind sicher vielfältig. Einer der Hauptgründe ist, dass wir Menschen zum größten Teil nach unbewussten, automatisierten Mustern handeln. Das gilt besonders im Umgang mit anderen. Diese Muster wiederholen wir immer wieder auf die gleiche Art und Weise. Nach einer Zeit glauben wir dann, wir seien eben so oder so. Wir denken, diese Muster machen unsere Persönlichkeit aus. Das Ganze hat einen großen Vorteil. Es schafft eine gewisse Vorhersehbarkeit und damit einhergehend eine Art von Vertrautheit, da uns Muster und Ablauf bekannt sind. Auch wenn die Muster manchmal eine destruktive Wirkung haben, sind sie uns wohlbekannt, und diese Vertrautheit schafft Sicherheit."

Leo macht eine Pause und mustert David mit offenem Blick.

David nickt und sucht nach den passenden Worten.

„Mir wird gerade klar, wie viele Situationen in meinem Berufs- und Privatleben nach solchen Mustern ablaufen. Ich muss gestehen, das erschreckt mich etwas. Was kann ich dagegen tun?"

„Sich nicht selbst verurteilen, in einen guten Zustand kommen und die Geschwindigkeit verringern. Nur so kann neues Verhalten entstehen." Leo macht wieder eine Pause. „Ich schlage vor, wir schauen uns die Situation mit Ihren beiden Kollegen mal ganz konkret an. Was halten Sie davon, David?"

„Gute Idee, Leo. Wie gehen wir genau vor? Lassen Sie mich raten: Ich bringe mich in einen guten Zustand und baue erst mal die innere Führung auf." David schmunzelt.

„Ich sage ja, Sie lernen schnell, David." Auch Leo grinst.

David macht es sich auf der Bank bequem, baut die innere Führung auf und gibt Leo Bescheid, dass er so weit ist.

„O.K., David, lassen Sie nun aus dieser Position heraus die Situation mit den beiden Kollegen vor Ihrem inneren Auge Revue passieren. Nehmen Sie sich dafür Zeit und achten Sie auf Details. Wenn es für Sie passt, können Sie die Augen dabei schließen und laut erzählen, was Sie erleben", sagt Leo und schweigt dann.

David schließt die Augen und nach kurzer Zeit fängt er an zu reden: „Ich habe mich bewusst entschieden, mich bei den beiden für ihr Kommen zu bedanken und gleich anzusprechen, dass Zeit für uns alle knapp ist. Es schien gut anzukommen, das Offensichtliche am Anfang auf den Tisch zu legen. Ich habe dann beiden geradeheraus gesagt, dass ich ihre Hilfe brauche. Es folgte eine kurze Präsentation zum Stand der Dinge. Bis dahin war alles prima und ich hatte ein gutes Gefühl."

„Was ist dann passiert?", fragt Leo.

David nimmt sich etwas Zeit, bevor er weiterspricht. „Klaus hat das Wort ergriffen und mir gesagt, dass er mein Problem nicht versteht."

„Was genau hat das bei Ihnen ausgelöst?", erkundigt sich Leo.

„Ich bin innerlich zusammengezuckt und dachte, Klaus versteht es genauso wenig wie Oscar. Er wird mir keine Hilfe sein."

Leo unterbricht David. „Das ist interessant! Das erscheint mir wie ein Muster. Klaus sagt nicht, was Sie hören wollen. Sie erleben es als Bedrohung und gehen zu Klaus auf Distanz, indem Sie seine Aussage sofort bewerten."

David öffnet die Augen und versucht das Gehörte zu verarbeiten. „So habe ich das noch nie gesehen, aber wenn Sie das so sagen, dann muss ich Ihnen wohl recht geben."

Leo winkt ab. „Es geht nicht um Recht oder Unrecht, es geht hier nur darum, unbewusste Muster zu erkennen und bei Bedarf neue, hilfreichere Verhaltensweisen aufzubauen. Dazu müssen Sie aber erst einmal die bestehenden Muster ansatzweise kennen."

Leo blickt für einen Moment in die Ferne und nimmt den Faden dann neu auf: „Sie haben gesagt, Sie sind innerlich zusammengezuckt."

David nickt.

„Gehen Sie noch einmal an diesen Punkt und versuchen Sie herauszufinden, welches Gefühl dahintersteckt", sagt Leo.

David schließt wieder die Augen. Für eine Zeit ist es still, dann reißt David die Augen auf. „Angst! Angst, die Kontrolle zu verlieren und meinen eigenen Standpunkt aufgeben zu müssen."

Beide schweigen für einen Moment, um die Erkenntnis sacken zu lassen.

Leo ergreift als erster das Wort. „Ich weiß, ich wiederhole mich, David, aber ich habe wirklich äußersten Respekt vor Ihrer Aufrichtigkeit und Ehrlichkeit. Das hilft Ihnen, sehr schnell voranzukommen. Jetzt sind wir am Kern angelangt. Mit dieser Angst sind Sie sicher nicht alleine, doch Sie haben jetzt einen entscheidenden Vorteil."

Leo schaut David fragend an. „Ich vermute, Sie meinen, ich weiß nun um diese Angst und kann damit arbeiten."

„Ganz genau", sagt Leo und unterstreicht seine Worte mit Gesten. „Letztes Mal haben wir besprochen, wie Sie damit umgehen können. Machen Sie sich mit dem Gefühl der Angst auf allen Sinnesebenen vertraut und pendeln Sie dann zwischen dem Gefühl der Angst und der Position der inneren Führung hin und her. Das erfordert jetzt Ihre Übung."

David nickt. „Ja, ich weiß, was zu tun ist."

„Das mit der Angst wird sich nicht von heute auf morgen verändern, aber Sie werden sehen, es wird früher oder später Ihre Beziehungen komplett verändern. Das verspreche ich Ihnen."

Leo lächelt vor sich hin und reibt sich behaglich die Hände. Dann holt er eine Postkarte aus der Tischschublade und reicht sie David. Auf der Karte steht:

3. Kernkompetenz:
Finde gute Gründe für Gegenpositionen!

Kernbotschaft:
Du bist so gut wie deine Beziehungen!

Es ist ein Irrtum zu glauben, du kannst es alleine schaffen. Erfolgreiche Beziehungen sind der Schlüssel zu Glück und Erfolg und werden geboren in gelungener Kommunikation. Wie das?

1. Kreiere deinen optimalen Zustand!

2. Lasse dich ganz auf andere ein. Höre aktiv zu.

3. Finde gute Gründe für das Verhalten und die Argumente des Gegenübers.

4. Äußere klar deine Wünsche, ohne zu erwarten, dass sie so erfüllt werden.

Zur Unterstützung kannst du dir eine Vorlage zur optimalen Vorbereitung auf konkrete Situationen aus unserem kostenlosen Online-Ressourcenbereich herunterladen.

Gehe dafür auf www.work-life-buch.de

David liest sich die Karte in Ruhe durch. „Das klingt alles sehr einleuchtend, aber es ist alles andere als leicht." David holt tief Luft und seufzt.

„Sie sagen es, David. Ich möchte Ihnen für heute noch ein paar Dinge mit auf den Weg geben." Leo beugt sich leicht vor. „Über den Zustand haben wir schon ausführlich gesprochen."

David nickt.

„Zu den Punkten zwei und drei gibt es ein weitverbreitetes Missverständnis." Leo schaut David direkt an. „Zuzuhören, das Gegenüber verstehen zu wollen und nach guten Gründen für die Argumente des Gegenübers zu suchen, heißt nicht, ihr oder ihm damit zuzustimmen. Dazwischen liegen Welten. Es geht hier ausschließlich darum, dem Gegenüber das Gefühl zu geben, verstanden worden zu sein. Solange dieses Gefühl nicht da ist, wird es schwer, ein konstruktives Gespräch zu führen. Das gilt natürlich für alle Gesprächspartner." Leo macht wieder eine Pause. „Ist das für Sie nachvollziehbar, David?"

„Ja, sehr sogar. Wenn ich nicht das Gefühl habe, dass mein Gegenüber mich zumindest ansatzweise versteht, dann fange ich an, immer mehr Argumente für meinen Standpunkt zu suchen und höre nicht mehr zu. Ich muss gestehen, ich habe wohl auch immer gedacht, dass Verstehenwollen fast gleichbedeutend mit Zustimmung ist. Was hat es mit dem vierten Punkt auf sich?", fragt David.

„Mit Punkt vier treten wir in die Phase des Aushandelns von möglichen Lösungen ein. Und dafür müssen die Wünsche und Vorstellungen erst mal auf den Tisch.

Doch das Entscheidende ist, sich von der Idee zu verabschieden, dass die eigenen Wünsche und Vorstellungen genau so erfüllt werden müssen, wie wir es uns idealerweise vorstellen. Es geht vielmehr darum, die Ansichten aller nachzuvollziehen und dann zu schauen, was mit Blick auf das eigentliche Ziel am vielversprechendsten erscheint. Ich empfehle hier ganz konkret von sich zu sprechen. Also Sätze mit „meine Wünsche sind ...", oder „meine Vorstellungen wären ..., oder „ich wünsche mir an der Stelle ..." zu beginnen. Oft entstehen hier völlig neue, meist für alle Beteiligten überraschende Wege und Lösungsmöglichkeiten, die fast immer die Eigenschaft haben, besser zu sein als die Ursprungsideen der einzelnen Personen."

David hebt die Hand und signalisiert Leo, bitte zu schweigen. Er sieht eine Weile zur Baumgruppe in der Ferne. Dann sagt David mit zögerlicher, aber klarer Stimme: „Das heißt ja, dass es im Vorfeld noch keine Lösung gibt, sondern die Lösung erst im Verlauf des Gesprächs entsteht. Verstehe ich das richtig?" Davids Blick wandert zu Leo.

„Bei einem echten Dialog ist das so. Da haben Sie völlig recht, David. Es sei denn, Sie machen eine Ansage in Ihrer Rolle als Führungskraft. Streng genommen ist das dann aber keine Kommunikation und schon gar kein Dialog, sondern nur eine Information, die nicht mehr verhandelt wird. Auch diese Situationen gibt es im Führungsalltag. Sie dürfen in diesem Fall den Menschen nichts vormachen. Wollen Sie eine bindende Information vermitteln oder in einen Dialog eintreten? Das müssen

Sie für sich selbst klären und dann auch klar kommunizieren."

David lässt sich tief in den Sitz rutschen und atmet dabei ganz lange aus. „Meine Güte, jetzt wird mir einiges klar. Alles, was Sie mir erzählen, ist mir nicht wirklich neu, aber irgendwie habe ich das Gefühl, jetzt erst die Zusammenhänge auf einer tieferen Ebene verstanden zu haben."

Leo nickt. „Das wenigste von dem, was ich erzähle, ist meinen Gegenübern wirklich neu. Darum geht es auch nicht. Es geht darum, das Bekannte, das meist ganz einfach klingt, in der Praxis anzuwenden. Und genau daran scheitern die meisten. Klingt vielleicht hart, ist aber eindeutig meine Erfahrung. Sie wissen ja, unsere unbewussten, automatischen Muster sind immer schneller. Da hilft das ganze kognitive Wissen nichts."

David setzt sich wieder auf und schmunzelt. „Und ich weiß genau, was jetzt kommt. Das Einzige, das wirklich einen Unterschied machen kann, ist zu üben, stimmt's?"

„Sie sagen es, David. Dafür werden Sie in der nächsten Zeit ja genügend Möglichkeiten haben. Ich wünsche Ihnen dafür alles Gute, die nötige Geduld und vor allem Durchhaltevermögen. Das werden Sie brauchen."

David steht auf, reicht Leo die Hand und bedankt sich für die Unterstützung.

Nachdem sie sich verabschiedet haben, verlässt David den blühenden Garten und macht sich auf den Weg zurück ins Büro.

TEIL 4: Räume gestalten

Herausforderungen im Arbeitsalltag

Im Büro angekommen, vereinbart David als erstes einen neuen Termin mit Klaus und Stefan. Dann trägt er sich feste Zeiten in seinen Kalender ein, um an seinem Angstthema zu arbeiten.

Ein paar Tage später treffen sich die drei wieder im Meeting-Raum, um das weitere Vorgehen zu besprechen. David eröffnet die Sitzung. „Vielen Dank, dass ihr euch die Zeit nehmt. Das weiß ich sehr zu schätzen. Ich denke, das letzte Mal hat gezeigt, wie vielfältig die Möglichkeiten und Wege sind, an das Konzept heranzugehen. Mir geht es darum, einen Weg zu finden, der für uns stimmig und gangbar erscheint."

Klaus unterbricht David. „Also wenn ich dich richtig verstanden habe, dann hat Oscar ganz klar deutlich gemacht, was er will und was er nicht will. Wir machen es uns doch nur unnötig schwer, wenn wir von seinen Anweisungen abweichen."

Davids erster Gedanke ist: „Na, das fängt ja wieder gut an", doch dann kommen ihm Leos Worte in den Sinn: „Erst mal aktiv zuhören und nach guten Gründen suchen."

David verändert seine Sitzposition, um in einen besseren Zustand zu kommen, schaut Klaus direkt an und sagt: „Wenn ich das richtig verstehe, Klaus, dann ist dein

Vorschlag, Herrn Hahns Vorgaben zu folgen, weil uns das die Arbeit erleichtern würde. Sehe ich das richtig?"

Klaus wirkt leicht überrascht und sagt mit etwas weniger Druck in der Stimme: „Ja, genau." Anscheinend hatte er sich schon auf Davids Gegenargumentation eingestellt.

Nun schaut David zu Stefan. „Wie siehst du das, Stefan?"

Der überlegt kurz und beginnt dann zu reden: „Ich bin der Überzeugung, dass das Thema Nachhaltigkeit in naher Zukunft eines der wichtigsten Themen der Bauindustrie sein wird. Wenn wir das Thema jetzt gleich richtig angehen, dann können wir zum Vorreiter der Branche werden und auch wirtschaftlich enorm profitieren."

David versucht, wieder aktiv zuzuhören und danach Stefans gute Gründe zusammenzufassen: „Also, Stefan, du sagst, im Nachhaltigkeitsthema liegt eine große Chance für uns, auch auf der wirtschaftlichen Seite. Daher sollten wir das Thema gleich grundsätzlich angehen."

Stefan nickt.

David überlegt kurz, wie er nun weitermachen soll, dann sagt er: „Ich denke, für beide Sichtweisen gibt es gute Argumente. Ich schlage vor, wir finden erst einmal gemeinsam weitere gute Argumente für jede der Sichtweisen und schauen, was daraus entsteht."

„Du meinst also eine Pro-Contra-Liste", wirft Klaus ein.

David schüttelt den Kopf. „Nein, lass uns zunächst einmal nur die guten Argumente für die jeweilige Position finden. Zum Contra können wir immer noch übergehen, wenn wir später merken, dass es hilfreich ist."

Klaus schaut David etwas ungläubig an. „Wenn du meinst. Mir soll es egal sein."

David hat zwar nicht den Eindruck, dass Klaus überzeugt ist, möchte aber nicht weiter diskutieren. „O.K., dann haben wir jetzt ein Ziel für unseren nächsten Schritt. Danach werden wir sehen, wie wir weitermachen."

David schaut in die Runde. Die beiden nicken zustimmend.

„Mein Wunsch ist, dass wir unsere Erkenntnisse auf dem Flipchart festhalten und nicht im Computer. Lasst uns jetzt bitte nur gute Gründe suchen und dem Drang widerstehen, zu diskutieren."

Klaus und Stefan sind einverstanden.

Die drei gehen zum Flipchart. David drückt jedem einen Stift in die Hand und schreibt: *Argumente, die dafür sprechen, mit Oscars Vorgaben zu gehen* als Überschrift auf eine leere Flipchart-Seite.

„Ich schlage vor, wir schauen uns erst diesen Punkt genauer an und wenn uns nichts mehr einfällt, dann suchen wir gute Argumente für Stefans Standpunkt." Beide sind einverstanden.

Klaus beginnt und schreibt auf das Flipchart: *erspart uns Ärger, minimiert Risiken*.

Stefan ergänzt seine Punkte mit: *Zeitersparnis, weniger Auseinandersetzung mit den Kollegen*.

David fügt hinzu: *weniger Kostenaufwand, kein neues Know-how notwendig*.

Nach und nach füllt sich das Flipchart. Die drei müssen sich immer wieder disziplinieren, wirklich nur gute

Gründe zu nennen und nicht in Diskussionen zu verfallen.

Nach einer Weile kommen keine neuen Einfälle mehr und die drei beschließen, sich der zweiten Herangehensweise zuzuwenden. Stefan notiert als Überschrift: *Gründe, die für eine grundlegende Nachhaltigkeitsstrategie sprechen.* Als erstes schreibt er: *sichert längerfristiges Überleben der Firma, Chance, sich klar zu positionieren.*

David ergänzt: *Alleinstellungsmerkmal, Vorreiterrolle in der Branche.*

Die ersten Punkte von Klaus sind: *höhere Gewinnspanne, weniger Konkurrenzdruck.*

Wieder füllt sich das Flipchart überraschend schnell mit vielen guten Gründen auch für diese Vorgehensweise. Und zwischendurch erscheint auch hin und wieder ein weiterer guter Grund für Klaus' Perspektive.

Nach einiger Zeit bleiben neue Ideen aus. David hängt alle Flipchart-Blätter so im Konferenzraum auf, dass sie gleichzeitig zu sehen sind. Alle schauen sich in Ruhe die gesammelten Argumente an, bis David die beiden darum bittet, ihre Gedanken zu äußern.

Zuerst redet Klaus: „Also, ich muss sagen, ich war sehr skeptisch, nur gute Gründe zu suchen. Aber das gesamte Bild ist jetzt wirklich differenzierter geworden. Und beide Herangehensweisen haben Vorteile, die man abwägen sollte."

Stefan nickt. „Mir ist klar geworden, dass sich vieles gar nicht gegenseitig ausschließt. Oft passen gute Gründe zu beiden Argumentationen. In meinem Kopf entsteht gerade eine neue Idee mit dem Besten aus beiden Welten." Stefan sieht David an.

David schmunzelt. „Ich bin zugegebenermaßen selbst ein wenig überrascht. Ich habe mir die Methode des *Gute-Gründe-Findens* empfehlen lassen und sie heute zum ersten Mal ausprobiert. Für mich hatte dieses Vorgehen etwas sehr Entspannendes und Befreiendes. Mir ist nämlich aufgefallen, dass ich häufig viele gute Argumente gar nicht zulasse, weil ich nur mit meinen Gegenargumenten beschäftigt bin. Das war heute nicht der Fall. Außerdem habe ich den Eindruck, dass wir mit diesem Vorgehen nun einen genauen Überblick haben, um gute Entscheidungen treffen zu können. Damit können wir weiterarbeiten."

Klaus muss lachen. „Witzig, jetzt stehe ich hier auf meine alten Tage mit 'nem Buntstift in der Hand vor einem Flipchart und mache Brainstorming. Wer hätte das gedacht."

Alle lachen und Klaus ergänzt: „Aber es macht Sinn, find' ich gut."

David überlegt nun, wie er weitermachen soll. Die neue Methode hat eine konstruktive Kommunikation ermöglicht. Die verhärteten Fronten haben sich aufgelöst und eine neue Ebene des Miteinanders ist entstanden. David möchte diese Beziehungsebene erhalten. Ihm ist klar, dass er sie für die kommenden Schritte der Zusammenarbeit brauchen wird. Aber nun müssen Entscheidungen getroffen werden.

David erinnert sich an Leos Worte: „Du brauchst das Ergebnis noch nicht zu kennen. Es wird sich im gemeinsamen Prozess zeigen."

David schaut seine Kollegen an und sagt: „Ich bin mir nicht sicher, wie wir jetzt am besten weitermachen. Hat jemand von euch eine Idee?"

Alle gehen für einen Moment in sich und wirken ratlos. David bricht das Schweigen: „Wie würden wir denn normalerweise vorgehen? Ich denke, wir würden über die Punkte diskutieren, die noch strittig sind und dabei versuchen, zu einer Einigung zu kommen, oder?" David schaut in die Runde. Die anderen nicken.

„Das geht doch bestimmt irgendwie besser. Meine Sorge ist, dass wir uns in langen Diskussionen verlieren", wirft Stefan ein.

David nickt. „Ja, das sehe ich auch so."

Klaus signalisiert ebenfalls Zustimmung.

Auf einmal hat David das Gefühl, ganz genau zu wissen, wie es weitergehen soll.

„Was haltet ihr davon, wenn wir uns weiter auf die Gemeinsamkeiten fokussieren? Ich schlage vor, auf einem neuen Flipchart erst einmal alle Gemeinsamkeiten festzuhalten. Danach können wir sehen, was noch übrig ist und worüber wir noch diskutieren müssen. Was meint ihr?"

Die beiden finden den Vorschlag gut.

Wie besprochen, tragen sie nun alle Gemeinsamkeiten der beiden Herangehensweisen auf einem neuen Flipchart-Papier zusammen. Sie sind verblüfft, wie viele es sind.

Stefan hat eine Idee, wie es weitergehen kann: „Was haltet ihr davon, wenn wir jetzt nicht, wie sonst immer, strittige Punkte diskutieren, sondern uns gleich die Frage stellen, was noch für eine stimmige Gesamtstrategie fehlt? Vielleicht kommen wir dadurch schneller voran, ohne uns die Köpfe heiß zu reden!"

Klaus und David sind einverstanden.

David ergänzt: „Lasst uns dabei wieder konsequent bei den guten Gründen bleiben. Bei jedem Punkt, den wir in die Strategie aufnehmen wollen, schauen wir gemeinsam, welche guten Gründe er zu bieten hat und was der Strategie fehlen würde, wenn wir ihn nicht berücksichtigen. Das hat eben auch schon gut funktioniert. Meines Erachtens sollten wir auch keine perfekte Lösung anstreben. Wir brauchen jetzt einfach eine Version, mit der wir gut weiterarbeiten können. Ansonsten sehe ich die Gefahr, dass wir uns in Details verlieren."

Klaus fasst Davids Beitrag für sich zusammen: „Das heißt, wir entscheiden jetzt, was es inhaltlich unbedingt für die Nachhaltigkeitsstrategie braucht, nehmen also nur die Punkte auf, die wirklich gut begründet sind, und betrachten das Ganze als eine vorläufige Arbeitsfassung, richtig?"

David nickt.

„Dann passt es für mich", sagt Klaus, und auch Stefan signalisiert Zustimmung.

Klaus hakt nach: „Und was ist mit der Entscheidung, ob wir die Strategie dann auch so ausarbeiten?"

„Lasst uns das im nächsten Schritt entscheiden", empfiehlt David. Es herrscht Einigkeit und alle vertiefen sich wieder in die Arbeit.

Das Vorgehen ist für die drei ungewohnt, aber sie kommen gut voran. Ab und zu verlieren sie sich in einer Diskussion, schaffen es aber, sich gegenseitig an das vereinbarte Vorgehen zu erinnern. Und so entsteht in relativ kurzer Zeit eine Strategie auf dem Flipchart, die allen recht stimmig erscheint und auf jeden Fall arbeitsfähig ist.

David lässt das Ergebnis auf sich wirken: „O.K., jetzt haben wir eine Strategie, die wir in den Grundzügen als sinnvoll erachten. Bleibt die Frage, ob Hahn das auch so sieht und ob wir die Strategie jetzt genau so angehen wollen."

David wäre es lieber, diese Entscheidung nicht alleine treffen zu müssen. Was würde Leo in so einem Fall raten? David erinnert sich an den vierten Punkt der Karte, die Leo ihm beim letzten Mal überreicht hat: „Man soll seine Erwartungen und Wünsche klar äußern, ohne zu erwarten, dass sie genau so erfüllt werden."

David folgt einer Eingebung und wendet sich Klaus und Stefan zu: „Wir haben noch fünf Minuten für dieses Meeting. Ich freue mich sehr, dass wir so gut vorangekommen sind. Wir sind alle schon lange genug im Geschäft, kennen die generellen Ziele des Unternehmens und Hahns Eigenarten. Mein Wunsch wäre jetzt, dass ich nicht alleine die anstehende Entscheidung treffe. Ich finde, wir sollten gemeinsam unsere Richtung festlegen. Ich will keine Entscheidung von euch einfordern, aber wenn ihr eine Meinung habt, dann bitte jetzt raus damit."

Stefan spricht als erster: „Ich bin dafür, dass wir die Strategie, so wie wir sie am Flipchart erarbeitet haben, angehen. Also eher die große Nummer fahren. Ich sehe aber auch die Punkte, die für eine schnelle, unkomplizierte Lösung sprechen. Klug wäre doch, dem Chef eine schnelle Lösung zu liefern und dann mit der Gesamtlösung weiterzumachen. Wir werden nicht mit dem Kopf durch die Wand gehen können. Wir müssen Herrn Hahn irgendwie überzeugen. Wie genau das aussehen kann, weiß ich im Moment aber noch nicht."

Nach ein paar Sekunden ergreift Klaus das Wort: „Ich glaube jetzt auch, dass die Gesamtstrategie nötig sein wird. Das ist mir durch unser heutiges Meeting bewusst geworden. Ich zweifle allerdings daran, dass Herr Hahn das so unterstützen wird. Also, David, ich unterstütze dich bei der Gesamtstrategie. Allerdings liegt es bei dir, das Ganze dem Chef zu verkaufen."

Stefan stimmt ihm zu.

David spürt, wie sich die Last der Entscheidung plötzlich auf seinen Schultern breitmacht. Doch mit einem tiefen Atemzug und einer leichten Veränderung seiner Körperposition gelingt es ihm, sich in einen besseren Zustand zu bringen.

„Also, kann ich, egal wie ich jetzt entscheide, weiter mit eurer Unterstützung rechnen?", fragt David.

Stefan und Klaus nicken.

„Gut, dann danke ich euch für eure Bereitschaft und werde auf der Basis unserer Arbeit meine Entscheidung treffen."

David schließt kurz die Augen, geht in sich, atmet tief durch, bis er seinen Körper komplett spürt. Es ist überraschend, doch sein Bauchgefühl ist eindeutig. Er öffnet die Augen und schaut in die fragenden Gesichter seiner Kollegen. „O.K., wir arbeiten gemeinsam an unserer Gesamtstrategie und ich lass mir etwas einfallen, wie ich das Ganze Herrn Hahn verkaufen kann."

„Du hast Traute. Das gefällt mir", platzt es aus Klaus heraus.

Stefan wirkt zögerlicher: „Überleg dir ganz genau, wie du ihm das verklickerst. Davon hängt alles ab, David. Wir wissen alle, wie stur Oscar Hahn sein kann."

David spürt einen leichten Druck im Magen, ist aber mit dem Meeting ansonsten sehr zufrieden. „Nochmals vielen Dank für eure Unterstützung. Lasst uns an die Arbeit gehen."

Nachdem Klaus und Stefan sich verabschiedet haben, bleibt David noch alleine sitzen und lässt das Meeting Revue passieren.

„Das ist ganz anders gelaufen, als gedacht. Wir sind mit völlig konträren Positionen gestartet und nun gibt es ein Ergebnis, das alle mittragen. Am Ende haben Klaus und Stefan sogar die Argumente des jeweils anderen genutzt. Was genau hat dazu geführt?", fragt sich David.

„Ein Punkt war sicherlich, sich von Anfang an auf die guten Gründe zu fokussieren. Die Erarbeitung der Gemeinsamkeiten hat bestimmt auch geholfen. Dadurch sind wir untereinander auf einer guten Ebene geblieben und der Prozess konnte positiv weiterlaufen. Auch der

Schwenk zur Frage: ‚Was braucht es jetzt noch für eine stimmige Strategie?‘, war ein wichtiger Punkt, anstatt die Unterschiede zu diskutieren. Dabei hätte die Stimmung schnell kippen können. Dann habe ich klar meine Wünsche geäußert, ohne Druck und Erwartung an die beiden, und habe wahrscheinlich deshalb recht unkompliziert ihre Zusage zur Unterstützung gewonnen. Durch die kurze Zentrierung bin ich in einen guten Zustand gekommen und habe dann aus dem Bauch heraus meine Entscheidung getroffen." So fasst David das Meeting für sich zusammen und ist damit zufrieden.

Nachdem David sich diese Punkte vergegenwärtigt hat, stellt er fest, dass es im Meeting drei deutlich voneinander getrennte Arbeitsschritte gab, mit jeweils einem eigenen Fokus. David kann nur kleine Abweichungen von seinem gewohnten Vorgehen feststellen, aber die Summe der kleinen Unterschiede hat einen beachtlichen Unterschied im Ergebnis gebracht. „Interessant", denkt sich David und spürt eine gewisse Neugierde, das Ganze auch in anderen Situationen auszuprobieren. „Vielleicht gelingt es mir dann auch dort, den Prozess besser ins Fließen zu bringen." Mit einem guten Gefühl verlässt David den Meeting-Raum.

Wenig später trifft er Emily im Restaurant. Sie liest konzentriert in einem Papier. Einen Kuli hat sie hinters Ohr geklemmt, ihr Zopf ist in Auflösung begriffen.

„Das ist nicht zu fassen!", schimpft Emily los.

David gibt ihr einen Kuss zur Begrüßung. „Was denn?"

„Heute habe ich den Vertrag bekommen. Die Änderungen, die meine Chefin mir zugesagt hatte, tauchen nur zum Teil auf."

David überlegt.

„Wie wäre es, wenn du den Vertrag als Entwurf betrachtest?"

„Das heißt?"

„Du sagst deiner Chefin, dass du noch einige Änderungen vornehmen möchtest und sagst ihr genau, welchen Passus du streichen und welchen du einfügen möchtest", erklärt David.

„So habe ich das noch nicht gesehen, aber du hast recht, der Vertrag ist nicht in Stein gemeißelt. Es ist im Moment ein vorläufiges Dokument."

„Also, was stellst du dir konkret vor?" David legt Papier und Stift bereit.

„Erstens will ich die Verhandlungen mit den Kooperationspartnern abgeben. Das könnte unsere Neue machen. Die hat bei einer Krankenkasse gearbeitet." Emilys Augen leuchten. „Zweitens möchte ich keine vierzig, sondern zweiunddreißig Stunden arbeiten. Das dürfte gehen, wenn die Kollegin einen Bereich übernimmt. Und drittens möchte ich einen Tag im Homeoffice arbeiten, um ohne Ablenkung die Abrechnungen checken zu können."

David grinst und schreibt mit. „Was noch?"

„Viertens ..."

Der Kellner bringt die Vorspeise und verspricht mit dem Hauptgang zu warten. Emily und David sind im Flow.

Die Überraschung

In den nächsten Tagen und Wochen arbeiten Klaus, Stefan und David in jeder freien Minute am Konzept. Und wie immer gibt es natürlich auch Meinungsverschiedenheiten. Doch David hat seinen Kollegen von seiner Session mit Leo erzählt und mit ihnen die Karte durchgesprochen, die Leo ihm beim letzten Mal gegeben hat. Sie haben sich sogar darauf geeinigt, die Karte bei jedem Meeting als Erinnerungshilfe für die einzelnen Punkte auf den Tisch zu legen. Dadurch hat sich die Gesprächskultur und somit die Effizienz der Treffen deutlich gesteigert. Unterschiedliche Meinungen werden nun eher als Chance und nicht mehr als Bedrohung gesehen und Konflikte können konstruktiver besprochen werden. Sie haben eine gute Arbeitsebene gefunden und kommen gut voran. Das ist wichtig, denn der Abgabetermin rückt immer näher.

David sitzt an seinem Schreibtisch und legt gerade den Hörer nach einem Telefonat mit einem Kunden auf. Da öffnet sich die Tür und Herr Hahn steht in seinem Büro. David ist komplett aus dem Konzept gebracht, er hatte seinen Chef erst in drei Tagen erwartet. „Herr Hahn, Sie sind schon wieder hier?", ist das Einzige, was er spontan herausbringt.

„Ja, ich bin ein paar Tage früher zurückgekommen. Mein Freund musste überraschend zu einem Termin nach Washington. Mir hat es auch gereicht. Ein andermal in Ruhe mehr davon, das sind schon fantastische Eindrücke …"

Hahn blickt ein wenig verträumt aus dem Fenster, gibt sich dann aber einen Ruck.

„Genug geschwatzt, ich möchte, dass Sie mir heute Nachmittag den Stand des Nachhaltigkeitskonzepts vorstellen. Um 15 Uhr bei mir im Büro."

Ohne weitere Worte zu verlieren verlässt Hahn Davids Arbeitszimmer.

„Manche Dinge scheinen sich nie zu ändern", sind Davids erste Gedanken. „Er ist einfach ein ungehobelter Klotz."

David gibt sein Bestes, um bis zum Nachmittag eine Präsentation für Herrn Hahn anzufertigen. Um kurz vor 15 Uhr sind die letzten Folien fertig und David speichert die Präsentation. Dann rollt er mit dem Stuhl etwas zurück und bringt sich in einen guten Zustand. Es gelingt ihm ganz gut, in die innere Führung zu kommen. Ihm ist klar, wie wichtig das jetzt ist, da er davon ausgeht, dass Hahn alles andere als wohlwollend und konstruktiv sein wird.

Mit einem leicht flauen Gefühl im Bauch steht David nun in Hahns Büro und präsentiert ihm den aktuellen Stand des Projekts. Je länger es dauert, desto unsicherer wird David. Hahns Gesicht zeigt keine Regung. David hat keine Ahnung, was in ihm vorgeht. Der Chef hört sich die ganze Präsentation bis zum Ende an, ohne ein Wort zu sagen. David ist einfach nur froh, als er am Ende angekommen ist.

Nach ein paar Sekunden der Stille steht Hahn abrupt auf, schaut David an und fängt an zu lachen. „Ist das Ihr Ernst? Haben Sie mir eigentlich zugehört? Ich will nicht die ganze Firma auf den Kopf stellen! Das Konzept können Sie in den Müll werfen! Bringen Sie mir ein vernünftiges Konzept, das wir einfach umsetzen können, verstanden?"

Ohne auf Davids Antwort zu warten, geht Oscar aus seinem Büro mit den Worten „ich muss meinen Jetlag ausschlafen" und lässt David stehen.

Einmal mehr weiß David nicht, wie ihm geschieht. Wut und Ärger steigen in ihm auf und ihm wird ganz heiß. Er kann seinen erhöhten Puls und die Anspannung in seinem Körper spüren. David setzt sich und nimmt ein paar tiefe Atemzüge. Dadurch entspannt sich sein Körper wieder etwas. Er sucht nach einer guten Sitzposition und versucht die Position der inneren Führung einzunehmen. Das fällt David nicht leicht, da ihn immer wieder starke Gefühle von Wut und Ärger überkommen. Er versucht diese Gefühle einfach nur wahrzunehmen, ohne etwas verändern zu wollen. Dabei atmet er immer wieder tief in seinen Bauch. Nach ein paar Minuten hat er das Gefühl, endlich etwas mehr Abstand zu bekommen. Es kommt ihm vor, als hätte er wieder mehr Raum und die Verbindung zu seiner inneren Führung hergestellt.

Etwas widerwillig folgt er seinem ersten Impuls: „O.K., was könnten Hahns gute Gründe für seine Ablehnung sein?"

David kann spüren, wie ein Teil von ihm diese Frage selbst in der Position der inneren Führung als lächerlich betrachtet. Doch er nimmt wieder einen tiefen Atemzug und lässt die Frage noch etwas wirken. Zuerst meint David, ihm würden keine guten Gründe für Hahns Verhalten einfallen. Doch dann kommt ein Gedanke, der sich zu einer Erkenntnis verdichtet: Oscar Hahn hat Angst, die Kontrolle zu verlieren und zwar über das, was er sich über viele Jahre hinweg aufgebaut hat. Sein Verhalten hat erst einmal gar nichts mit mir persönlich und dem Konzept zu tun. Diese Einsicht lässt Verständnis in David entstehen und hilft ihm, die Dinge auf eine andere Art zu sehen. Es kommt ihm jetzt weniger so vor, als würde Hahn ihn persönlich angreifen. Er kann spüren, wie er sich dadurch entspannt. Gleichzeitig ist er aber immer noch wütend auf seinen Chef. Er kann die angestaute Wut körperlich spüren und ist froh, dass heute noch sein wöchentlicher Tennistermin ansteht. Auf dem Platz wird er sich abreagieren können und hoffentlich auch auf andere Gedanken kommen. Immer noch etwas aufgewühlt beschließt David, für heute Feierabend zu machen und direkt zur Tennishalle zu fahren. Mit diesem Entschluss verlässt David das Büro des Chefs.

Der Körper spielt nicht mit

Um 19 Uhr treffen sich David und sein Tennistrainer auf dem Platz. Der Trainer reicht David die Hand und fragt, wie es ihm geht. David lächelt, ist aber kurz angebunden: „Lass uns nicht darüber reden. Ich hatte einen Scheißtag."

Der Trainer schmunzelt und nickt. „O.K., habe verstanden, dann lass uns mal den Aufschlag üben, dass ist optimal zum Stressabbau."

David lächelt. „Das klingt gut."

Der Trainer holt einen Korb mit Bällen und beginnt, mit David an seinem Aufschlag zu arbeiten.

Nach ein paar Aufschlägen unterbricht der Trainer und macht David auf einige Ungenauigkeiten im Ablauf aufmerksam. David merkt, wie die Unterbrechung und die Worte des Trainers seinen Frust verstärken. Schon wieder einer, der ihn kritisiert. Das heutige Erlebnis mit seinem Chef kommt ihm in den Sinn und er kann seine Emotionen wieder spüren. Mehr schlecht als recht gelingt es ihm, sich auf die Hinweise des Trainers zu konzentrieren und sie in seinen Aufschlag einzubauen. Er greift nach einem Ball, versucht die vorgegebene Körperposition einzunehmen, wirft den Ball in die Luft und holt zum Schwung aus. Mit Wucht und angetrieben von all seinen Gefühlen geht er in die Bewegung. In dem Moment, als der Schläger den Ball berührt, verspürt David einen stechenden Schmerz in seinem Rücken. Der Schmerz ist so heftig, dass er sich samt Schläger auf den Boden fallen lässt.

Der Trainer eilt sofort zur Hilfe und fragt ihn, was los ist. Mit schmerzverzerrtem Gesicht sagt David: „Mein Rücken tut höllisch weh, ich kann mich nicht mehr bewegen." Sofort ruft der Trainer den Notarzt.

David erhält ein Schmerzmittel und wird für den Transport ins Krankenhaus vorbereitet. Dort angekommen, muss er, noch immer unter größten Schmerzen, eine gründliche Untersuchung über sich ergehen lassen. Nach einem MRT und der anschließenden Auswertung wird klar, dass es sich zum Glück nicht um einen Bandscheibenvorfall handelt, sondern um einen Hexenschuss. Das sind zunächst gute Nachrichten für David. Es bedeutet aber auch, dass er eine Woche lang krankgeschrieben ist.

Jetzt heißt es für David, sich täglich unterschiedlichen Anwendungen zu unterziehen, die ihm helfen sollen, wieder schmerzfrei zu werden. Drei Tage lang sind die Schmerzen fast unerträglich, dann tritt langsam Linderung ein.

David ist zu Hause. Seine Familie ist ausgeflogen und er nutzt die Ruhe, um da weiterzumachen, wo sein Hexenschuss ihn ausgebremst hat. David schleicht gebückt in der Wohnküche auf und ab, während er mit Klaus und Stefan telefoniert, um sie auf den neuesten Stand zu bringen. Beide sind verärgert über Hahns Reaktion, doch wirklich überrascht sind sie nicht. Nun steht die Frage im Raum, wie es am besten weitergehen kann. David geht es zwar ein bisschen besser, doch er wird vorerst nicht ins Büro kommen können. Niemand hat eine Idee. David beschließt, sich in den nächsten Tagen Gedanken darüber zu machen, was nächste Schritte sein könnten.

Nachdem David den Hörer aufgelegt hat, fragt er sich, ob ihm die Situation gerade etwas sagen soll. Obwohl Klaus, Stefan und er ein gutes Gefühl hatten, hat Hahn die Strategie komplett abgelehnt, ohne auch nur eine Frage zu stellen. „Aus Herrn Hahns Sicht haben wir wahrscheinlich einfach seine Ansage ignoriert. Er hat sich dadurch weder ernst genommen, gehört oder verstanden gefühlt. Außerdem hatte er vermutlich den Eindruck, dass wir das Bestehende nicht schätzen und alles verändern wollen", sind Gedanken, die David durch den Kopf gehen.

Je besser es David gelingt, die Perspektive des Chefs einzunehmen, desto mehr Verständnis entwickelt er für ihn. David wird klar, dass alle Beteiligten ihre ganz eigene Sicht auf die Dinge haben und es keinen Sinn macht, zu fragen, was richtig oder falsch ist. Jeder hat das recht auf seine Sichtweise, aber gleichzeitig braucht es auch die Bereitschaft, sich auf die Sichtweisen der anderen einzulassen. Erst dadurch kann etwas Neues, Gemeinsames entstehen. Leos Empfehlungen erschienen im ersten Moment immer sehr schlicht, doch David wird klar, wie wirkungsvoll sie in der Praxis sind.

„Aber was mache ich jetzt mit dieser Erkenntnis?", fragt er sich. „Im Moment kann ich wenig tun. Mein Körper signalisiert mir deutlich, dass ich nicht so weiterarbeiten kann wie vor dem Hexenschuss."

In den nächsten Tagen versucht David, so gut es ihm möglich ist, einen Plan für das weitere Vorgehen zu entwickeln. Sein Erholungsprozess geht Schritt für Schritt voran und nach weiteren drei Tagen kann er sich schon wieder ganz gut bewegen.

Allerdings hat er das Gefühl, dass die Kommunikation mit den beiden Kollegen abgerissen ist. Er weiß nicht, an was sie gerade arbeiten, und inwieweit sie sich noch mit dem Konzept auseinandersetzen. Am liebsten würde er morgen wieder ins Büro fahren, doch langes Sitzen fällt David noch sehr schwer. Sein Physiotherapeut hat ihm deutlich davon abgeraten und sein Arzt würde ihn, in Anbetracht seines Gesamtzustandes, am liebsten noch zwei weitere Wochen krankschreiben. Doch das ist für David keine Option. Dadurch wäre es ihm unmöglich, den Termin für das Nachhaltigkeitskonzept zu halten. David ist verzweifelt und weiß nicht, was er machen soll. Da greift er zum Hörer, ruft Leo an, schildert ihm kurz die Lage und sie machen einen neuen Termin aus.

Raum und Zeit nutzen!

Diesmal wartet Leo schon vor dem Haus. David ist überrascht, als er Leo dort stehen sieht. „Hat Leo die Zeit verwechselt oder ist er auf dem Sprung?", fragt er sich.

David steigt aus dem Auto und geht auf Leo zu. „Haben wir jetzt nicht einen Termin, Leo?"

„Ja. Wie geht es Ihrem Rücken?", antwortet Leo, ohne auf Davids Frage einzugehen.

„Es geht schon besser, nur längeres Sitzen ist noch schwierig." David schaut Leo fragend an.

„Das habe ich mir schon gedacht. Sie könnten sich heute auf meine rote Couch legen, aber ich schätze Sie so ein, dass Ihnen das nicht zusagen würde." David nickt mit einem Lächeln im Gesicht.

„Was halten Sie von etwas Bewegung, David? Können Sie schon mit mir auf einen zügigen Spaziergang gehen?"

David nickt verwundert. „Aber wollen Sie nicht erst einmal hören, wofür ich heute hier bin?"

Lächelnd sagt Leo: „Nein, wir machen einen Musterbruch. Sie haben mir am Telefon schon genug erzählt. Also, bereit für eine halbe Stunde Bewegung?"

„Ich bin bereit."

Leo reicht David einen mp3-Player mit Kopfhörern. „Hier, setzen Sie den auf und laufen Sie mir einfach hinterher. Folgen Sie den Instruktionen, die Sie über die Kopfhörer bekommen. Das ist schon alles. Sehen Sie es für den Moment als einen zügigen Spaziergang an. Alles Weitere dann im Anschluss. O.K.?" David ist Leos Experimente schon gewohnt. Daher antwortet er nur: „O.K.!"

Leo geht mit zügigen Schritten voraus, David folgt. Über die Kopfhörer hört David am Anfang eine ähnliche Musik wie bei den flowZeiten. Ein vertrautes Gefühl entsteht. Das macht es ihm leichter, sich auf das Ganze einzulassen. Nach einer Zeit hört David auch die ihm bekannte Stimme aus den flowZeiten, die ihn durch einen anregenden Prozess leitet. Am Anfang bereitet es David einige Mühe, sich auf Stimme und Laufen zu konzentrieren, doch nach ein paar Minuten findet er seinen Rhythmus und taucht vollständig in die Bewegung ein. Nach gut dreißig Minuten kommen die beiden in Leos Garten an und lassen sich an einem Tisch nieder, den Leo ins Freie auf die Wiese gestellt hat.

„Wie geht es Ihnen jetzt, David?"

David nimmt ein paar tiefe Atemzüge. „Ich fühle mich gut, energiereicher und wacher." David macht ein paar Bewegungen und ist verwundert. „Auch meine Rückenschmerzen sind gerade nicht mehr zu spüren. Und ich hatte ein paar interessante Ideen auf dem Spaziergang."

„Auf dem flowWalk", sagt Leo.

„flowWalk?", wiederholt David.

„Ja, so nenne ich das Programm", erklärt Leo.

„Also gut, beim flowWalk entstand der Gedanke, dass es gut für mich wäre, mehr Bewegung in meinen Arbeitsalltag zu bringen. Es kam mir so vor, als hätte die körperliche Bewegung auch Bewegung in meine Gedanken gebracht." David hält inne.

Nach einem Moment nimmt Leo Davids Punkt auf. „Meiner Erfahrung nach ist das genau so, wie Sie sagen, David. Körperliche Bewegung bringt uns oft auf andere Gedanken und neue Impulse im Denken. In der Bewegung werden kognitive Intelligenz und Körperintelligenz besser miteinander verknüpft. Das lässt uns leichter auf völlig neue Ideen kommen. Zusätzlich ist die Gefahr, sich gedanklich festzufahren, deutlich geringer, da wir gleichzeitig die Bewegung koordinieren müssen. Viele gute Ideen sind auf Spaziergängen entstanden. Nehmen wir Charles Darwin. Er hat regelmäßige Spaziergänge genutzt, um seine Gedanken zu sortieren. Ohne diese täglichen Spaziergänge wäre seine wissenschaftliche Arbeit so nicht möglich gewesen, soll er einmal gesagt haben. In vielen Biografien großer Denker finden Sie regelmäßige Spaziergänge als eine Art Bewegungsritual. Ich empfehle Ihnen das sehr, David. Der flowWalk unterstützt Sie darin, in den Zustand des FLOWs zu kommen. Aus diesem Zustand heraus können Sie anstehende Themen sehr viel leichter klären."

David nickt, setzt sich aufrecht hin und lockert seinen Rücken. Er beobachtet, wie eine Amsel über die Wiese spaziert.

Leo fährt fort. „Ich persönlich nutze den flowWalk, wenn ich auf neue Gedanken und Lösungen kommen will. Also immer, wenn Kreativität gefragt ist. Erst danach gehe ich an den Schreibtisch, um die Ideen aus dem flowWalk genauer auszuarbeiten." Leo macht eine Pause.

David beginnt mit zögerlicher Stimme seine Gedanken zu entwickeln. „O.K., das ist interessant. Bei mir ist es so, dass ich eigentlich immer alles am Schreibtisch erarbeiten will, Ideen, Lösungen und Konzepte. Doch wenn ich jetzt darüber nachdenke, ist das in der Tat oft nicht sehr erfolgreich und manchmal sogar pure Zeitverschwendung. Die besten Ideen kommen mir eigentlich immer an anderen Orten, nicht nur unter der Dusche."

Leo stimmt ihm zu. „Das berichten mir viele Menschen und es deckt sich auch mit meinen eigenen Erfahrungen. Ich habe mich lange mit diesem Phänomen beschäftigt, David. Dabei bin ich zu der Erkenntnis gekommen, dass es im Kern immer um zwei Punkte geht, um Raum und um Zeit."

„Raum und Zeit", wiederholt David langsam. „Mit dem Thema Zeit kann ich etwas anfangen, aber was meinen Sie mit Raum?"

„Gute Frage, David. Schauen wir uns das mit Blick auf Ihre Nachhaltigkeitsstrategie an. Was ist da im Moment Ihr größtes Problem?"

„Die Zeit!", antwortet David sofort. „Der Abgabetermin rückt immer näher und mir läuft die Zeit davon."

Leo schaut David schweigend an. Dann sagt er: „Interessant, ein Zeitproblem also. Wohin läuft Ihre Zeit denn?"

David ist verwirrt. „Wie meinen Sie das? Wo soll meine Zeit denn hinlaufen?"

„Das frage ich Sie, David! Aus meiner Sicht gibt es keine Zeitprobleme. Was die Zeit angeht, haben wir alle die gleichen Voraussetzungen. Für jeden hat der Tag 24 Stunden und die Woche sieben Tage. Das können Sie gut finden oder nicht. In diesem Sinn ist die Zeit fix und lässt sich nicht verändern. Daher ist auch der Begriff Zeitmanagement irreführend. Die Zeit können Sie nämlich überhaupt nicht managen, sondern nur Ihren Umgang mit der Zeit." Leo macht eine Pause und betrachtet Davids Gesichtsausdruck.

David zieht die Brauen zusammen.

„Das kann ich nachvollziehen. So gesehen, habe ich keinen Einfluss auf die Zeit. Auch wenn ich manchmal gerne mehr Stunden am Tag hätte, wird das nicht passieren. Also muss ich mich darauf konzentrieren, wie ich die Zeit nutze. Doch was hat das mit dem Thema Raum zu tun?"

Leo lächelt.

„Räume können wir beeinflussen. Sie haben sicher bereits Erlebnisse gehabt, in denen Ihnen ein Moment wie eine kleine Ewigkeit vorkam, oder Sie komplett das Zeitgefühl verloren haben und sich anschließend wunderten, wie spät es schon ist."

„Ja, ich habe mich schon oft gefragt, woran das liegt." David sieht Leo auffordernd an.

„An Ihrem Zustand, David, um genauer zu sein, an Ihrem Fokus. Sie waren ganz vertieft in eine Tätigkeit und haben sich nicht ablenken lassen. Dadurch konnten FLOW-Prozesse entstehen, die sofort unterbrochen worden wären, hätten Sie permanent auf die Uhr geschaut. Wenn Sie Großartiges erreichen wollen im Leben, David, ist der permanente Blick auf die Zeit der falsche Fokus. Auch wenn die ganze Gesellschaft ständig versucht, durch Zeitmanagement effektiver zu werden, würde ich es Ihnen nicht empfehlen. Sie lösen Zeitprobleme nicht auf der Ebene der Zeit. Wechseln Sie die Ebene und alles wird leichter."

Leo mustert David, der nachdenklich nickt. „Albert Einstein hat uns schon dazu geraten, als er sagte, dass wir Probleme nicht auf der Ebene lösen können, auf der sie entstanden sind. Er empfiehlt uns den Ebenenwechsel. Bezogen auf Ihr momentanes Zeitproblem heißt das, wechseln Sie die Ebene. Setzen Sie einen neuen Fokus. Meine Empfehlung ist, sich auf den Raum zu fokussieren. Dann wird sich Ihr Problem mit der Zeit schneller und effektiver lösen lassen."

David steht auf, wandert um seinen Stuhl herum und stützt sich auf die Lehne. Die Amsel, immer noch in Sichtweite, sucht im Beet nach Nahrung.

David denkt für einen Moment nach und will es dann genauer wissen: „Wie soll ich das konkret umsetzen, Leo?"

„Sie tun es bereits, David. Sie haben sich in den letzten Wochen schon bedeutend mehr Raum verschafft. Der Prozess beginnt im Inneren. Zunächst haben Sie sich regelmäßige flowZeiten gestattet. Dann haben Sie mittels der flowZeiten innerlich für mehr Raum gesorgt, in dem Sie die Verklebungen mit den einzelnen Persönlichkeitsteilen lösten. Das ermöglichte wieder mehr Raum für die innere Führung. Dieser Schritt ist entscheidend, denn die innere Führung ist die einzige Kraft, die den Raum für unser gesamtes Potenzial öffnen kann."

Leo ist für einen Moment still und David denkt über das Gesagte nach.

Leo fährt fort: „In unserem Alltag ist der Bewusstseinsfokus eng. Dann kommen in der Regel immer nur einzelne Bestandteile unseres Potenzials zum Einsatz. Im selbstnahen Zustand aber, den Sie im Alltag immer wieder durch Kurzrituale herbeigeführt haben, schaffen Sie Raum für die innere Führung. Wenn dieser Raum sich öffnet, erweitern sich sofort Ihre Möglichkeiten und mehr Facetten Ihrer Persönlichkeit können sich einbringen. Dadurch entsteht die Einsteinsche Kreativität und der verblüffend leichte Umgang mit Herausforderungen, der wirklich erfolgreiche Menschen ausmacht. Sie haben die ersten Auswirkungen in Ihrem Alltag ja bereits erlebt, David."

David nickt, setzt sich wieder und ergreift das Wort. „Ich möchte das für mich zusammenfassen. In dem Moment, in dem ich innerlich für mehr Raum sorge, werde ich insgesamt entspannter. Das habe ich bereits erlebt. Gleichzeitig wird mein äußeres Verhalten auch relaxter. Das habe ich im Umgang mit Klaus und Stefan erfahren. Anscheinend gehe ich dann auch gelassener mit äußeren Herausforderungen um, wodurch im Meeting mehr Raum entstanden ist für neue Ideen. Außerdem habe ich mit Ihrer empfohlenen Vorgehensweise gearbeitet und damit den Raum für unterschiedliche Positionen geöffnet. Dadurch konnten wir zu dritt auf eine andere Ebene wechseln, wo neue Lösungen und Vorgehensweisen entstanden sind."

David wiegt den Kopf hin und her, dann denkt er weiter laut nach: „Irgendwie war der Druck weg. Wir waren wirklich mittendrin und hätten fast die Zeit vergessen. Ganz sinnlos ist die Uhr wohl nicht, aber die Zeit darf nicht der bestimmende Fokus sein. Der muss woanders liegen. O.K., ... sich Raum nehmen, Räume schaffen ... das ist interessant."

David sinniert still vor sich hin, Leo bleibt stumm.

Nach ein paar Momenten geht ein Ruck durch Davids Körper. Er richtet sich auf und schaut Leo direkt an:

„Ja, ich glaube, vom Gefühl her nehme ich wahr, was es mit dem Thema Raum auf sich hat. Mein Kopf hat da deutlich mehr Schwierigkeiten. Das ist für meinen rationalen Verstand noch nicht ganz fassbar. Raum im Inneren zu schaffen erscheint mir jetzt fast einfacher als im Äußeren."

Leo nickt anerkennend. „David, das ist zum gegenwärtigen Zeitpunkt das größte Kompliment, das Sie sich selbst machen können. Sie sind in den Raum hinter Ihren Mustern vorgedrungen und können sich selbst wieder steuern. Wenn Sie wollen, können wir nun den nächsten Schritt machen und gemeinsam schauen, wie Sie sich in Hinblick auf Ihr Ziel im Außen optimale Räume schaffen. Passt das für Sie?"

„Ja, das ist gut, auf jeden Fall!" David strahlt und fühlt sich auf einmal hochmotiviert.

„Lassen Sie uns zunächst die Frage aufgreifen, unter welchen Bedingungen Sie optimal arbeiten können, David. Wie sind Ihre Erfahrungen?"

„Das kommt auf die Art der Arbeit an", antwortet David.

Er denkt nach. „Prinzipiell helfen mir Ruhe und eine schöne, vertraute Umgebung. Mir fällt gerade auf, dass ich mich, seit ich von zu Hause aus arbeite, wohler fühle und oft auch schneller vorankomme. Ich lasse jetzt häufig leise Musik von Emily im Hintergrund laufen, ist so eine Art Entspannungsmusik. Das ist sehr angenehm."

„Es sind genau diese Kleinigkeiten, über die sich die wenigsten Menschen Gedanken machen", unterbricht Leo. „Musik, kleine Veränderungen auf dem Tisch, ein höhenverstellbarer Schreibtisch, eine Sitzecke, die es erlaubt, mal vom Tisch wegzukommen, genügend Wasser trinken, sich immer wieder kurz dehnen und bewegen. All das sind nur ein paar kleine Beispiele, die zu einer großen Veränderung führen können. Und wenn starke Emotionen, wie etwa Unzufriedenheit oder sogar

Verzweiflung bei der Arbeit auftauchen, ist es auch wichtig, die Körperposition zu verändern und sich zu bewegen."

„Meinen Rücken dehnen werde ich jetzt auch mal eben", sagt David und läuft auf und ab, während er sich an das Meeting mit Klaus und Stefan erinnert und an den Impuls, den er am Ende des Meetings hatte. Damals verspürte David den Wunsch, die Meinung der anderen zu hören, um dadurch eine Entscheidungshilfe zu haben. Während er in Leos Garten herumgeht, kommt ihm ein weiterer Gedanke. Er versucht ihn in Worte zu fassen: „Ich merke, dass alles, was wir bisher in den verschiedenen Treffen erarbeitet haben, irgendwie zusammenhängt." David macht eine Pause. Leo nickt David stumm zu.

„Also, bei den ersten beiden Malen ging es um meinen aktuellen Zustand und darum, wie ich in einen optimaleren Zustand kommen kann. Beim letzten Mal haben wir darüber gesprochen, wie ich erfolgreiche Beziehungen aufbauen kann und wie wichtig es ist, sich auf die Perspektive anderer einzulassen. Kann es sein, dass dies alles notwendige Voraussetzungen sind, um, wie soll ich es ausdrücken, so etwas wie einen konstruktiven oder sicheren Raum zu schaffen, in dem man dann miteinander arbeiten kann?"

Leo richtet seinen Blick auf David, der vor ihm stehengeblieben ist. „Sie haben es wunderbar auf den Punkt gebracht. Es geht in der Tat im ersten Schritt immer darum, einen sicheren Raum zu kreieren. Wenn wir Menschen nicht das Gefühl haben, in Sicherheit zu sein, sind wir nicht in der Lage, kreativ zu denken, weil wir uns unbewusst ständig bedroht fühlen und die ganze Zeit auf der Hut vor Angriffen sind. Wir müssen zwar nicht wirklich wie früher ums Überleben kämpfen, aber die Reaktionen in uns sind genau die gleichen. Auch wenn es nicht so offensichtlich ist, sind viele von uns häufig im Überlebensmodus. In diesem Modus haben wir keinerlei Zugriff auf unsere Kreativität. Da gibt es nur die drei Grundmuster: Kampf, Rückzug oder Sich-Totstellen. Schauen Sie in die Unternehmenswelt. Sie treffen dort permanent auf diese drei Grundmuster. Wenn Stress, Druck und Hektik regieren, dann werden diese Muster aktiv und der Zugang zu unserem gesamten Potenzial ist erschwert."

David lässt das Gehörte wirken.

„Ich weiß genau, was Sie meinen und versuche das gerade auf meine Alltagssituation zu übertragen. Besonders in Hahns Gegenwart habe ich manchmal das Gefühl, wie eingefroren zu sein und gar keinen Zugang mehr zu meinen Ressourcen zu haben. Kämpfen ist bei Hahn sowieso zwecklos, also bleibt mir anscheinend nur der Rückzug oder in diesem Fall sozusagen das Totstellen. Aber das ist kein guter Zustand. Er nimmt mir den Raum, den ich brauche. Das bedeutet letztlich, dass sich in der Firma unsere ganze Meeting-Kultur verändern müsste. Neues zu entwickeln und Innovationen sind gegenwärtig nicht möglich. Es muss mehr Raum geschaffen werden, sonst folgen wir nur den eingefahrenen alten Mustern."

David läuft wieder auf und ab. „Genau das ist der Punkt, Leo. Ich habe die Erfahrung mit Klaus und Stefan ja gemacht, wie wichtig es ist, den Raum für alle Beteiligten zu öffnen. Dadurch sind neue Ebenen entstanden, inhaltlich, aber auch in unserer Beziehung zueinander. Leider ist das nun durch meine Krankheit unterbrochen worden. Im Moment weiß ich gar nicht genau, was die beiden machen. Die Kommunikation ist gestört. Um das bisher Erarbeitete weiter nutzen zu können, müsste ich im Büro sein und das kann ich gerade nicht. Außerdem ist es auf eine gewisse Weise paradox, denn ich habe ja eben festgestellt, dass das Büro genau genommen kein guter Ort für mich ist."

David setzt sich wieder zu Leo an den Tisch.

„Muss das wirklich ein Widerspruch sein, David? Denken Sie das Thema Raum doch etwas weiter. Vielleicht gibt es räumliche Möglichkeiten, an die Sie bisher noch nicht gedacht haben." Leo macht eine Pause. „Nutzen Sie auch virtuelle Räume in Ihrem Alltag?"

David schaut Leo erstaunt an.

Der legt nach: „Das wäre eine Möglichkeit für Sie, von zu Hause aus zu arbeiten und trotzdem mit Klaus und Stefan im regelmäßigen Austausch zu sein. Damit hätten Sie das Beste aus beiden Welten." David nickt und erwidert nachdenklich: "An so etwas habe ich noch gar nicht gedacht."

„Das könnte zumindest ein Weg sein, nicht in Stagnation zu verfallen, sondern die Dinge weiter voranzutreiben.

Virtuelle Medien sind heute ein ganz entscheidender Faktor, um Räume einfach und zeitsparend herzustellen. Sie ermöglichen es Ihnen, von unterschiedlichsten Orten aus miteinander in Kontakt zu sein. Für mich ist das mittlerweile schon tägliche Praxis. Achtzig Prozent meiner Coachings und Beratungsaufträge laufen nur noch über das Telefon oder andere geeignete virtuelle Kanäle. Viele meiner Telefoncoachings erfolgen sogar beim flowWalken, wenn die Klienten damit vertraut sind. Bei Meetings und sogar bei Projektbesprechungen sind die Teilnehmer an Ihren Lieblingsorten und wir haben zusammen die tollsten Einfälle. Solange Sie eine gute Internetverbindung haben, gibt es keine Grenzen mehr. Das ist die Zukunft des Arbeitens. Wie sehen Sie das, David?"

„Ja, es macht Sinn. Und gerade in meiner jetzigen Lage könnte das die Lösung sein."

„Ich muss Sie allerdings auch warnen, David", erwidert Leo. „Das Thema virtuelle Räume bietet Ihnen so viele Möglichkeiten, dass es Sie auch überwältigen kann. Es gibt sehr viele unterschiedliche Anbieter und Systeme. Ich empfehle Ihnen, mit dem zu starten, was Sie bereits kennen, um damit erste Erfahrungen zu sammeln. Viele Anwender machen den Fehler, sich sofort aufwendige Systeme zuzulegen, die dann nicht genutzt werden, weil die Einstiegshürden zu hoch sind. Das führt fast immer zu einer Abwehrhaltung der Beteiligten. Halten Sie es am Anfang einfach. Sorgen Sie möglichst schnell für positive Erfahrungen. Wenn die Hemmschwelle einmal überwunden ist, können Sie immer noch auf komplexere Systeme umstellen. Jedes Smartphone bietet Ihnen heute die Möglichkeit, Telefon- und Videokonferenzen mit mehreren Teilnehmern zu machen. Fangen Sie mit Klaus und Stefan an."

David nickt. „Ja, ich denke, da haben Sie recht. Die Kollegen in der Firma sind meist skeptisch, wenn es um solche Veränderungen geht, aber ich denke, mit Klaus und Stefan kann ich es ausprobieren und dann weitersehen."

„Noch etwas, David, gehen Sie am Anfang immer wieder auf die Metaebene. Das heißt, reden Sie mit Klaus und Stefan darüber, wie es Ihnen mit der Nutzung der virtuellen Räume geht. Reflektieren Sie am Ende eines jeden Meetings gemeinsam kurz Ihr Vorgehen. Was funktioniert gut, ist hilfreich und wie können Sie die virtuelle Zusammenarbeit weiter verbessern? So bekommen Sie nach einer Weile einen guten Eindruck von Ihren Anforderungen an eine Software und welches technische System passend für Sie ist."

„O.K., das werde ich beherzigen", sagt David und schweigt, um sich die Punkte zu merken.

Nach einem Moment setzt Leo wieder an. „Übrigens, David, für mich hat das Thema durchaus etwas mit Nachhaltigkeit zu tun. Herr Hahn wird richtig begeistert sein."

Da müssen beide laut lachen.

Leo ergreift als erster wieder das Wort: „Haben Sie eine Vorstellung davon, wie Sie das jetzt konkret angehen, David?"

David nickt.

„Ja, ich werde zuerst herausfinden, was es in der Firma dazu schon gibt. Wenn noch nichts da ist, rede ich mit meiner Tochter. Die ist eigentlich permanent virtuell unterwegs. Dann hole ich Klaus und Stefan mit ins Boot. Ich sage einfach, ich möchte sie zu einem kleinen Experiment einladen. Zuerst stelle ich sicher, dass wir technisch die gleichen Voraussetzungen haben. Dann machen wir unsere ersten Erfahrungen, die wir regelmäßig auswerten."

David fühlt sich beflügelt und schaut Leo entschlossen an. „Klingt nach einem Plan, David. Brauchen Sie an dieser Stelle noch etwas von mir oder können wir für heute Schluss machen?"

„Haben Sie nicht noch etwas vergessen, Leo?"

David sagt das mit etwas oberlehrerhaftem Ton und bringt damit Leo offenbar kurz ins Grübeln.

„Ah, richtig, da war noch etwas."

Leo öffnet die Schublade des Gartentischs und nimmt eine Karte heraus. Mit einem Lächeln drückt er sie David in die Hand.

„Sie kennen mich schon erstaunlich gut, David."

David nimmt die Karte und wirft einen Blick darauf:

4. Kernkompetenz:
Schaffe optimale Räume!

Kernbotschaft:
Effektivität braucht eher Raum als Zeit!

Es ist ein Irrtum zu glauben, dass wir nicht genügend Zeit haben. Das bewusste Gestalten von Räumen ist der Schlüssel für einen erfolgreichen Umgang mit der Zeit! Wie das?

1. Schaffe dir optimale Räume, innen wie außen.

2. Bringe Bewegung ins Denken und Arbeiten.

3. Nutze konsequent virtuelle Räume.

4. Unterstütze andere, sich optimale Räume zu schaffen, innen wie außen.

Zur Unterstützung kannst du dir einen umfangreichen Selbsttest zur vierten Kernkompetenz aus unserem kostenlosen Online-Ressourcenbereich herunterladen.

Gehe dafür auf www.work-life-buch.de

Dann sagt Leo: „Jetzt ist unsere Session komplett!"

Die beiden Männer stehen auf, schlendern über die Wiese und den Steinweg zum Gartentor, wo David sich für die Unterstützung bedankt und auf den Heimweg macht.

TEIL 5: Klarheit

Virtuelles Arbeiten

Kaum zu Hause angekommen, richtet sich David einen Arbeitsplatz im Wohnzimmer ein, mit Blick auf Terrasse und Garten. Er verschafft sich einen ersten Überblick über die technischen Voraussetzungen in seiner Firma. Mit Erleichterung stellt er fest, dass die vorhandenen Systeme recht einfach zu bedienen sind und technisch keine großen Herausforderungen darstellen. Dann greift er zum Telefon und ruft Klaus und Stefan mittels Konferenzschaltung an. Er erzählt, dass er vorerst von zu Hause aus arbeiten wird, damit er sich besser um seine Gesundung kümmern kann und er spricht mit den beiden über seine Absicht, mit Hilfe von virtuellen Medien die gemeinsame Arbeit am Nachhaltigkeitskonzept fortzusetzen. Stefan reagiert skeptisch: „Wollen wir jetzt wirklich nur noch online kommunizieren? Das kann doch den persönlichen Kontakt nicht ersetzen", gibt er zu bedenken.

David realisiert, dass es wichtig ist, sich Zeit für Stefans Einwand zu nehmen.

„Verstehe ich das richtig? Du befürchtest, dass wir ab sofort und ausnahmslos online miteinander reden?"

„Ja, das stimmt. Ich bin doch kein Nerd, der alles nur über den Computer macht."

„Das will auch ich nicht, Stefan. Ich will nicht den persönlichen Kontakt ersetzen, sondern sehe das als Experiment, um herauszufinden, wie uns virtuelle Medien in der Zusammenarbeit nützen können. Gerade jetzt, weil ich noch nicht richtig fit bin. Ist das nachvollziehbar, Stefan?"

Für einen Moment ist es still am Telefon. Dann sagt Stefan mit leichter Ironie in der Stimme, „David, ich kann deine guten Gründe für dieses Experiment verstehen und lasse mich darauf ein." Alle drei müssen lachen.

David übernimmt wieder das Wort. „Wie sieht es mit dir aus, Klaus? Was denkst du darüber?"

„Ich sehe gerade keinen Grund, der dagegen spricht. Hauptsache, die Technik ist nicht zu kompliziert."

„Das ist mir auch wichtig", antwortet David. „Daher schlage ich vor, dass wir mit unserem System starten und erste Erfahrungen sammeln."

„Wir haben dafür ein System in der Firma?", fragt Stefan ungläubig.

„Ja", erwidert David, „es benutzt bloß keiner. Ich schicke euch per E-Mail alle Infos und notiere genau, wie ihr vorgehen müsst. Ich habe mir das schon angeschaut. Es ist eigentlich ganz einfach."

Die drei einigen sich darauf, morgens und abends jeweils ein kurzes virtuelles Meeting durchzuführen. Morgens wird geklärt, was den Tag über bearbeitet werden soll und abends gibt es immer ein kurzes Update über den Stand der Dinge. Zusätzlich kommen alle Dokumente auf einen Server, der allen dreien von überall zugänglich ist. Somit gibt es jeweils immer nur ein aktuelles Dokument, das für alle einsichtig ist und von allen bearbeitet werden kann. Das erspart zeitaufwendiges Hin- und Herschicken und sorgt dafür, dass alle immer auf demselben Stand sind.

In den nächsten Tagen beginnt David den räumlichen Rückzug vom Büro zu nutzen und macht sich wieder an das Nachhaltigkeitskonzept. Immer, wenn er das Gefühl hat festzustecken, legt er einen flowWalk ein, um auf neue Impulse zu kommen. Das tut nicht nur dem Konzept sondern auch seinem Rücken sehr gut. Die Kommunikation über die virtuellen Medien mit den Kollegen klappt und die Arbeit geht voran.

Für David ist es beflügelnd, viel Zeit zu Hause zu verbringen. So bekommt er mehr mit, wie es den Kindern und Emily geht.

David sitzt gerade an seinem Schreibtisch im Wohnzimmer, als Jenny zur Tür hereinkommt und total aufgelöst, ohne ihn zu begrüßen, hoch in ihr Zimmer rennt. Davids erster Impuls ist, ihr sofort nachzugehen, um zu fragen, was los ist. Doch etwas in ihm sagt: „Stopp! Bringe dich erst einmal in einen guten Zustand."

David nimmt Haltung an, spürt seinen Körper und aktiviert die Position der inneren Führung. Danach steigt er die Treppen hoch zu Jennys Zimmer und bleibt vor der Tür stehen. Er kann sie weinen hören. David klopft an die Tür und fragt, ob er hereinkommen darf.

Leise antwortet Jenny: „Ich will jetzt keinen sehen."

David schweigt einen Moment und sagt: „O.K., Jenny, kein Problem. Ich möchte nur, dass du weißt, dass ich unten bin und du jederzeit zu mir kommen kannst, wenn du willst. Ich gehe jetzt wieder runter." David wartet einen Moment. Er hofft, Jenny würde es sich anders überlegen, aber da sie nichts sagt, geht er wieder ins Wohnzimmer und arbeitet weiter.

Nach einer Weile geht die Tür auf und Jenny stellt sich mit verweinten Augen neben David. „Papa, hast du kurz Zeit für mich?"

„Ja, mein Schatz, wollen wir uns aufs Sofa setzen?"

David möchte ihr signalisieren, dass er sich wirklich Zeit für sie nehmen will. Jenny ist einverstanden.

Jeder sucht sich einen Platz auf dem Sofa. David betrachtet sie für ein paar Sekunden aufmerksam. „Was kann ich für dich tun?"

Ohne etwas zu sagen, krabbelt Jenny auf David zu und kuschelt sich an ihn. David ist überrascht, dass seine große Jenny seine Nähe sucht, freut sich aber sehr. Die beiden liegen einfach nur zusammen schweigend auf dem Sofa.

Nach einer Weile schaut Jenny David an und fragt: „Papa, woher weiß ich, dass sich ein Junge wirklich für mich interessiert? Ich bin mir bei Michael unsicher. Ich wollte gerne den Nachmittag mit ihm verbringen. Er wollte lieber mit seinen Freunden abhängen."

David atmet langsam ein und aus. „Das ist eine schwierige Frage. Du wolltest heute etwas mit Michael machen, aber er hat dir abgesagt, weil er lieber seine Kumpels trifft?"

Jenny nickt.

„Und jetzt bist du dir unsicher, ob er es wirklich ernst mit dir meint?" David blickt Jenny direkt an.

Sie sagt nur „ja" mit immer noch verweinter Stimme. Dann löst sie sich aus Davids Arm, lehnt sich etwas zurück und sagt: „Papa, irgendwie bist du heute anders."

„Wie denn?", fragt David.

„Weiß ich auch nicht. Normalerweise hast du für so etwas nie Zeit oder immer nur deine schlauen Ratschläge am Start."

David schmunzelt. „Ich probiere gerade etwas Neues aus, was mir anscheinend ganz gut tut, obwohl ich gestehen muss, dass ich es am Anfang für ganz schönen Humbug gehalten habe."

„Was ist es denn?", will Jenny wissen.

„Wenn du Lust hast, kann ich es dir zeigen. Es könnte dir auch in der Situation mit Michael helfen. Willst du es ausprobieren?"

Jenny setzt sich aufrecht hin. „Wenn es dir hilft, dann hilft es mir vielleicht auch."

David nickt. „O.K., der erste Schritt besteht immer darin, in einen guten Zustand zu kommen." David setzt sich vorne auf die Sofakante, nimmt die Schultern nach hinten und atmet ein paar Mal tief durch.

Jenny macht es ihm nach. „Cool, das tut irgendwie gut. Wenn ich so sitze, geht es mir besser. Ich bin nicht mehr so traurig."

David ist erstaunt, wie schnell Jenny einen Unterschied für sich feststellen kann. „Super, genau darum geht es. Jetzt bleib in dieser Position und schau mal, ob du gute Gründe für Michaels Verhalten finden kannst."

„Gute Gründe!?", wiederholt Jenny mit Protest in der Stimme.

„Ja, ich weiß, das ist nicht einfach und ungewohnt, aber vielleicht kannst du ja ein paar mögliche Gründe finden, die Michael unabhängig von dir haben könnte." David schaut Jenny ermutigend an.

„O.K., ich versuche es einmal. Vielleicht möchte Michael etwas mit seinen Freunden machen, weil er sie schon länger nicht gesehen hat."

David sieht Jenny an, ohne etwas zu sagen.

„Vielleicht denkt er auch, dass er mich sowieso morgen sieht und ich auch einmal etwas mit meinen Freundinnen machen möchte."

David nickt. „Ja, vielleicht. Spüre in dich hinein. Verändert sich etwas für dich, wenn du nach guten Gründen suchst?"

Jenny lässt sich Zeit und überprüft das in Ruhe. „Ja, irgendwie verschwindet das Gefühl, dass er nicht an mir interessiert ist. Kann sein, dass ich das zu persönlich genommen habe. Jetzt gerade finde ich es gar nicht mehr so schlimm."

David schmunzelt. „Wow, du scheinst ein Naturtalent zu sein. Ich staune, wie schnell das bei dir wirkt!"

Jenny lächelt.

David freut sich, dass er Jenny helfen konnte und dass Leos Kernkompetenzen anscheinend auch bei Teenagern greifen.

„Ich übe das Ganze regelmäßig mit einem Audioprogramm. Mein Coach nennt das flowZeit. Wenn du Lust hast, kannst du die flowZeit mal ausprobieren."

„Dein Coach?", fragt Jenny erstaunt.

David lächelt.

„Mensch, Papa, bei dir ist ja etwas los! Ich find's aber super und die flowZeit höre ich mir einmal an. Jetzt rufe ich aber zuerst mal Mira an und frage, ob sie Zeit hat. Ich danke dir."

Jenny springt auf und verschwindet beschwingt in Richtung ihres Zimmers.

David bleibt noch einen Moment sitzen und lässt das Ganze Revue passieren. Eigentlich hat er Jenny nur zugehört und viel weniger geredet, als er es sonst in einer solchen Situation tut. Trotzdem war das Ergebnis so viel besser. Der Unterschied, vermutet David, lag darin, dass er Jenny sich und seine Meinung nicht aufgedrängt hat. Sie kam von sich aus auf ihn zu und er war einfach für sie da, ohne gleich ein tolles Konzept zur Lösung zu präsentieren. Mit sich zufrieden steht David vom Sofa auf und geht wieder an seinen Schreibtisch.

Die Ruhe währt nicht lange. Emily parkt ihren Wagen vor der Tür und balanciert wenig später ein großes Tablett mit Tapas in die Küche.

David klappt den Laptop zu. „Gibt es etwas zu feiern?"

„Und wie", sagt Emily. Sie strahlt über das ganze Gesicht. „Heute lag der neue Vertragsentwurf auf meinem Tisch. Alle, wirklich alle Vorschläge sind angenommen worden! Meine neue Kollegin hat mitgezogen. Ich habe eben unterschrieben und ab dem ersten beginnt mein brandneuer Job."

David drückt Emily an sich und gibt ihr einen Kuss. „Gratuliere! Ich freue mich sehr für dich."

Emily umarmt ihn und lächelt. „Jetzt stellen wir den Sekt kalt und wenn unsere großen, selbstständigen Kinder kommen, stoßen wir alle an."

Und täglich grüßt das Murmeltier

In den nächsten Tagen entwickelt sich das Nachhaltigkeitskonzept vielversprechend. Allerdings ergeben sich auch einige Fragen, die mit Herrn Hahn geklärt werden müssen. David bittet den Chef per E-Mail um ein virtuelles Meeting. Hahns Antwort darauf lautet nur: „So etwas mache ich nicht. Wenn Sie Fragen an mich haben, dann klären wir die persönlich."

Als David die E-Mail liest, merkt er, wie sich sein ganzer Körper anspannt und wie sehr er sich über Hahn ärgert. Doch schon nach wenigen Momenten setzt wie automatisiert der Impuls ein, tief durchzuatmen und sich in einen guten Zustand zu bringen. Nachdem David etwas Abstand gewonnen hat, greift er spontan zum Telefon und ruft Hahn an.

„Oscar Hahn", erklingt seine raue Stimme.

„Hallo, Arnold hier, ich möchte mit Ihnen über die Fragen reden ..."

Noch bevor David seinen Satz zu Ende gebracht hat, fällt Hahn ihm ins Wort.

„Ich habe es doch schon in der E-Mail geschrieben, wenn Sie mit mir reden wollen, kommen Sie hierher ins Büro. Wo kommen wir denn hin, wenn jeder nur noch von zu Hause aus arbeitet. Entweder hier im Büro oder gar nicht."

Bevor David etwas sagen kann, hat Hahn aufgelegt.

David spürt, wie wieder Ärger in ihm hochsteigt. „Warum tue ich mir das überhaupt an?", fragt er sich. „Hahns Allüren sind einfach nur anstrengend. Soll er sich doch einen anderen Deppen suchen. Etwas mehr Wertschätzung mir gegenüber wäre wohl nicht zu viel verlangt."

David merkt, wie seine Gefühle beginnen, mit ihm durchzugehen und er sich selbst in negativen Gedanken verliert. Er nimmt ein paar tiefe Atemzüge und versucht, sich wieder in einen besseren Zustand zu bringen. Nach einer Weile gelingt es ihm, wieder besser in die Position der inneren Führung zu kommen. Es wird ihm klar, dass es jetzt nicht darum geht, alles hinzuwerfen, auch wenn der Impuls gerade sehr stark ist. David hat den Eindruck, als hätte es ihn schon entspannt, sich zu erlauben, diesen Gedanken für einen Moment in Betracht zu ziehen. Jetzt spürt er nämlich, wie ihn sein Ehrgeiz packt.

„So schnell gebe ich nicht auf", denkt er sich. „Ich bin mir sicher, dass ich auf dem richtigen Weg bin. Alle werden von einem guten Konzept profitieren. Doch wie setze ich das durch? Ich muss mit Leo darüber reden", schießt es ihm durch den Kopf. „Leo hat immer gute Ideen und nach dem Treffen sehe ich klarer und bin motiviert, nächste Schritte in Angriff zu nehmen."

David greift zum Telefon und wählt Leos Nummer. Doch am anderen Ende geht nur die Sprachmailbox dran. David hinterlässt eine Nachricht.

Nach einer guten Stunde ruft Leo zurück und bietet David eine virtuelle Coaching-Session für den nächsten Tag um 16 Uhr an.

Projekte erfolgreich gestalten!

Um Punkt 16 Uhr sitzt David an seinem Arbeitsplatz im Wohnzimmer und begrüßt Leo auf seinem Bildschirm. David beginnt das Gespräch: „Ich bin es durch die Videoanrufe mit meinen Mitarbeitern schon gewohnt, mich am Bildschirm zu unterhalten. Doch es ist für mich immer noch etwas sonderbar."

Leo nickt. „Ja, das verstehe ich. Am Anfang ist es ungewohnt, doch meistens überwiegen die Vorteile. Wie gesagt, fast alle meine Coachings finden mittlerweile virtuell statt. Wie kann ich Sie heute unterstützen, David?"

David erzählt Leo, dass Hahn nur persönlich im Büro mit ihm sprechen will, wie frustriert er war und dass er für einen Moment überlegt hat, alles hinzuschmeißen, um sich einen neuen Job zu suchen, ihn dann aber der Ehrgeiz gepackt hat.

Leo hört geduldig zu. Dann fragt er noch einmal: „David, wie kann ich Sie heute unterstützen?"

Ohne viel nachzudenken sagt David: „Sagen Sie mir, was ich tun kann, damit Hahn seine Meinung ändert. Wie kann ich ihn überzeugen?"

Leo schaut David an und schweigt für einen Moment. „Wissen Sie, David, ich habe Verständnis für Ihren Wunsch. Allerdings frage ich mich, wie sinnvoll es ist daran zu arbeiten, dass ihr Chef seine Einstellung ändert und wie hoch die Wahrscheinlichkeit ist, dass es gelingt?"

David muss nicht lange überlegen, um die Frage zu beantworten. „Ich würde sagen, die Wahrscheinlichkeit geht gegen null. Hahn ist ein sturer Esel."

Leo schmunzelt. „O.K., ideal für Sie wäre es natürlich, wenn Oscar auf wundersame Weise seine Einstellung ändern würde. Doch Sie sagen es selbst, die Chancen dafür sind gering. Wir können also sagen, Hahns Einstellung ist eine Restriktion, die wir nicht direkt verändern können. Was könnte nun eine zweitbeste Lösung sein, an der wir gemeinsam arbeiten?"

David atmet tief durch. „Wissen Sie, Leo, der Perfektionist in mir arbeitet nicht gerne an zweitbesten Lösungen." David muss grinsen.

„Das ist mir schon aufgefallen", erwidert Leo. „Dann stecken wir allerdings in einer Zwickmühle. Meine Befürchtung ist, dass, wenn wir an einem Ziel arbeiten, das Sie nicht direkt beeinflussen können, Sie das unglaublich viel Energie kostet und es auch wenig motivierend für Sie und Ihren Perfektionisten ist. Genau diese Dinge treiben viele Menschen in den Burnout und darin möchte ich Sie nicht unterstützen, David. Es ist wichtig, an Zielen zu arbeiten, die auch in Ihrem Einflussbereich liegen. Die meisten Menschen suchen an der falschen Stelle nach der Problemlösung. In der Regel ist bereits die Zielstellung das eigentliche Problem, da sie unrealistisch und nicht gut gewählt ist."

David versinkt tief in seinen Stuhl und lässt das Gesagte auf sich wirken. Er starrt auf den Bildschirm und Leo schaut zurück. Nach einer Zeit bringt sich David wieder in eine aufrechte Sitzposition.

„Sie haben recht, Leo. Wenn ich ganz ehrlich zu mir selbst bin, habe ich mir schon oft die Zähne an Aufgaben ausgebissen, die nicht in meinem direkten Einflussbereich lagen. Das Ergebnis war meist Frustration und ein Gefühl von Sinnlosigkeit. Aber woran können wir dann heute arbeiten?"

„Wie geht es Ihnen denn eigentlich gesundheitlich, David?"

David ist verwundert und fragt sich, ob Leo vom Thema ablenken will. „Ich bin zufrieden. Die ersten paar Tage hatte ich heftige Schmerzen, die kaum auszuhalten waren. Danach ist schnell Besserung eingetreten."

„Was glauben Sie war die Ursache dafür, David?", will Leo wissen.

„Ich habe mich komplett auf den Heilungsprozess fokussiert und alles mir Mögliche unternommen, dass es mir schnell wieder besser geht. Emily hat mir geholfen, wo sie konnte. Es war mein oberstes Ziel, wieder gesund zu werden. Dem habe ich alles andere untergeordnet."

Leo nickt anerkennend und schweigt für einen Moment. „Ein klarer Fokus hat also letztlich zum Erfolg geführt. Welcher Fokus scheint Ihnen denn jetzt hilfreich zu sein, David?"

David überlegt, seine Stimme klingt noch etwas zögerlich als er sagt: „Wie kann ich das Projekt Nachhaltigkeitsstrategie für mich zu einem guten Ende bringen?" David schaut Leo fragend an.

„Was brauchen Sie dafür, David?"

„Eigene Klarheit!" David ist überrascht über die Spontaneität seiner Antwort. Er kann spüren, dass sie direkt vom Ort der inneren Führung kommt. „Ja, eigene Klarheit, die erst einmal unabhängig von meinem Chef ist. Der weiß ja selbst nicht genau, was er will, sondern nur, was er nicht will. Wenn es nach ihm ginge, dann hätte er am liebsten die eierlegende Wollmilchsau." Beide schweigen für einen Moment.

Dann spricht Leo. „Wer hätte die nicht gern? Wie Sie selbst erkannt haben, braucht es jetzt einen klaren Fokus. Das ist bei jedem Projektanfang die große Herausforderung. Meist ist der Fokus unklar und dann auch noch falsch gewählt. Auch Sie haben diesen typischen Fehler begangen, der in den meisten Projekten zu Beginn passiert."

„Der da wäre?", fragt David.

Leo schaut ihn direkt an und David hat ein Gefühl, als ob Leo gleich durch den Bildschirm kommen würde. Leo verändert seine Sitzposition und sagt ganz langsam: „Sie haben sich sofort auf die Inhalte gestürzt, David, statt sich erst einmal um die Prozessebene zu kümmern."

David lässt seinen Blick durch das Wohnzimmer wandern und versucht, das Gehörte einzuordnen.

Leo fährt fort. „Am Anfang eines jeden Projektes geht es darum, zunächst das ‚Wie' zu klären und nicht gleich mit den Inhalten loszulegen. Wie kommen Sie zu einem stimmigen und vor allem realistischen Projektauftrag? Das sollte immer der erste Fokus sein."

David nickt. Er ist wieder ganz präsent. „O.K., das kann ich nachvollziehen, aber was bedeutet das genau?"

Leo blickt David an. „Bevor wir weitermachen, ist mir eines wichtig. Es geht mir hier nicht darum, Ihnen Fehler unter die Nase zu reiben. Ich möchte Ihnen die Möglichkeit geben, aus Ihrem bisherigen Vorgehen zu lernen."

„Das habe ich verstanden, Leo, Sie müssen kein Blatt vor den Mund nehmen."

Leo nickt. „O.K., der erste Schritt besteht darin, am Anfang mit allen Beteiligten die Erwartungen zu klären. Zuerst mit Blick auf die Zusammenarbeit und danach mit Blick auf die Inhalte. Das heißt, es wäre sinnvoll gewesen, wenn Sie mit Herrn Hahn zuerst über seine konkreten Erwartungen in Hinblick auf den Projektablauf gesprochen hätten."

David zieht die Augenbrauen hoch. „Ich kann Ihnen genau sagen, was Hahn mir gesagt hätte. Sie machen das schon, David. Ich vertraue da ganz auf Sie."

Leo lächelt und schaut verständnisvoll. „Das kommt mir bekannt vor. Der Auftraggeber, in Ihrem Fall Ihr Chef, weiß meist auch nicht genau, was er will und versucht die Verantwortung beim Projektleiter abzuladen. Ich habe keine genauen Zahlen, aber ich würde schätzen, in weit über 60% der Projekte läuft das am Anfang genau so. Und das ist auch nachvollziehbar, denn das Schwierigste beim Projekt ist das Erarbeiten eines präzisen Projektauftrags."

„Aber was soll ich tun, wenn Hahn mich einfach abblitzen lässt?" David zieht die Brauen zusammen.

Leo lehnt sich nach vorne in Richtung Bildschirm. „Was sich hier am besten bewährt hat, ist, zuerst selbst einen Projektauftrag zu erstellen. Schreiben Sie alles auf, so wie Sie es verstanden haben und planen es umzusetzen. Entscheidend an dieser Stelle ist, möglichst schnell über eine schriftliche Grundlage zu verfügen und nicht zu viel Zeit mit Diskussionen zu verschwenden."

David legt den Kopf schief und überlegt. „Witzig, es gibt wirklich nichts Schriftliches zwischen Hahn und mir, das wir miteinander abgestimmt hätten. Was sollte denn alles drinstehen in so einem schriftlichen Projektauftrag?", fragt er nach.

„Erst mal nur das Ende", antwortet Leo.

David schaut auf. „Was meinen Sie damit?"

„Bevor Sie einen einzigen Schritt umsetzen, müssen Sie zunächst einmal das Ende des Projektes klar vor Augen haben. Malen Sie sich genau aus, wie es sein wird, wenn das Projekt erfolgreich abgeschlossen ist und schreiben Sie genau das detailliert auf."

David unterbricht Leo. „O.K., Sie wollen mir also sagen, ich soll mir das Ziel vergegenwärtigen und dann vom Ziel aus alles gründlich durchplanen, so wie beim klassischen Projektmanagement."

Leo schweigt und schaut David für eine Weile an. „Nein, David, es geht mir dabei um viel mehr als nur um das. Ja, es ist wichtig, das Ziel so konkret wie möglich zu benennen. Manchmal ist es aber auch mehr eine Vision als ein ganz konkretes Ziel. Der entscheidende Unterschied besteht darin, nicht gleich in die konkrete Detailplanung zu gehen, sondern zu schauen, wie das Ziel oder die Vision in die Firmenstrategie passt und das Timing zu prüfen. Viele Projektziele machen isoliert betrachtet Sinn, aber zieht man die Gesamtstrategie des

Unternehmens und den Zeitpunkt in Betracht, sieht es schnell anders aus."

David nickt, während Leo fortfährt.

„In den meisten Unternehmen gibt es viel zu viele Projekte, die viel zu viele Ressourcen binden und dann auch noch alle gleichzeitig stattfinden. Das sorgt dafür, dass irgendwann keiner der Mitarbeiter mehr in einem guten Zustand ist."

David nickt, beugt sich vor und unterstreicht seine Worte mit den Händen.

„Da gebe ich Ihnen absolut recht. Das erlebe ich immer wieder und nicht nur bei uns in der Firma. Also, wenn ich Sie jetzt richtig verstanden habe, dann soll ich mir am Anfang ein klares Bild vom Endziel oder der Vision des Projekts machen und das erst einmal schriftlich in allen Details festhalten. Dann muss das Ganze mit der Gesamtstrategie des Unternehmens abgeglichen werden, also auch mit den anderen noch laufenden Projekten. Das führt mich dann zum Thema Timing und zur Frage, ob das Projekt jetzt überhaupt zeitlich passt oder wann der richtige Zeitpunkt dafür ist."

„Genau", erwidert Leo. „Wenn Sie das für sich schriftlich geklärt haben, suchen Sie wieder das Gespräch mit Ihrem Auftraggeber, in Ihrem Fall Herr Hahn. Denn jetzt haben Sie konkrete Fakten geschaffen und die Bereitschaft, dass Herr Hahn mit Ihnen darüber sprechen wird, ist sehr hoch. Und sollte er nicht mit Ihnen sprechen, dann erklären Sie ihm, dass Sie sein Schweigen als Zustimmung für diesen Projektauftrag verstehen. Machen Sie aber deutlich, dass die Verantwortung für den Auftrag trotzdem beim Auftraggeber bleibt, also bei Herrn Hahn. Es ist wichtig, die Dinge nicht einfach schweigend hinzunehmen und vor sich hinzuarbeiten. Ich empfehle Ihnen, den Dingen eine Bedeutung zu geben. Damit kommen Sie schneller voran. Sagen Sie zum Beispiel: ‚Ich benötige Ihre Rückmeldung innerhalb von zwei Tagen, um zu starten. Sollte ich nichts von Ihnen hören, deute ich das als Zustimmung und lege entsprechend los.'"

David lehnt sich wieder ein Stück zurück und atmet hörbar aus. „Da haben wir es wieder. Um so cool zu bleiben und das Ganze so selbstverständlich herüberzubringen, braucht es den klaren Fokus und die Präsenz eines guten Zustandes."

Automatisch nimmt David Haltung an, nimmt die Schultern zurück und spricht dann weiter: „Ich habe den Eindruck, es entscheidet sich alles immer am Anfang. Das betrifft nicht nur meinen eigenen Zustand, mit dem ich Situationen maßgeblich beeinflusse, sondern es scheint auch bei Projekten so zu sein. Wenn sie gut starten und die wichtigsten Punkte wirklich klar sind, dann laufen sie meist auch gut durch. Doch wenn es am Anfang schon klemmt, dann geht es mit dem gesamten Projekt genau so weiter. Das ist zumindest meine Erfahrung."

„Das kann ich auch bestätigen." Leo nickt und macht eine Pause. „Der Punkt ist, jede Minute, die Sie am Anfang in die Projektentwicklung stecken, sparen Sie um ein Vielfaches während der Realisierung. Am Anfang braucht es etwas mehr Energie. Doch dadurch kommt das Projekt dann schneller zum Laufen. Der richtige Workflow entsteht und damit mehr Leichtigkeit in der Umsetzung. Nehmen Sie sich aber nicht genügend Zeit für die Anfangsphase, dann müssen Sie später viel Zeit für Dinge aufwenden, die Sie am Anfang verpasst haben."

David folgt einem Gedanken. „Aber ist es nicht auch so, dass sich Ziele oft noch während des Projektes ändern?"

„Ja, immer dann, wenn die Projekte nicht zur Unternehmensstrategie passen oder wenn das Timing nicht stimmt", antwortet Leo. „Das kommt auch vor, wenn der Projektumfang zu groß ist und Sie zu weit in die Zukunft blicken. Um den richtigen Fokus bestimmen zu können, benötigen Sie deshalb eine zweite, wichtige Fähigkeit. Sie brauchen ein gutes Gespür."

„Gespür für was?", fragt David.

„Gespür für die Zusammenhänge innerhalb der Firma, für unterschiedliche Menschen und Situationen und auch für das richtige Timing. Nur mit gutem Gespür sind Sie in der Lage, mit dieser Komplexität umzugehen und den richtigen Fokus zu bestimmen. Mit Ihrer Vision oder dem Ziel legen Sie die Richtung fest. Wenn das sauber geklärt ist, geht es ab sofort nur noch um den nächsten Schritt und dann immer wieder nur um den nächsten."

„Woher weiß ich, was der nächste Schritt ist?", will David wissen.

„Wenn Sie am Anfang schon das Ende kennen, können Sie sich ganz auf den Weg fokussieren und kommen mit Ihrer Aufmerksamkeit im Hier und Jetzt an. Sie werden die erforderlichen nächsten Schritte im jeweiligen

Moment erkennen, David, und können sie erfolgreich umsetzen."

Leo schaut, ob David seiner Argumentation folgt.

David nickt und Leo fährt fort: „Das heißt auch, dass es wenig Sinn macht, das gesamte Projekt bis ins kleinste Detail durchzuplanen. Planen Sie nur überschaubare Zeiträume und machen Sie erst am Ende eines festgelegten Zeitraums den Plan für den kommenden, wenn Sie ihn überhaupt benötigen. Es wird viel zu viel geplant nach meiner Erfahrung. Bleiben Sie im Moment und das geeignete Vorgehen ergibt sich meist von allein."

Leo macht eine Pause. Offenbar will er sehen, ob David immer noch konzentriert und aufnahmefähig ist. Dann fährt er fort:

„Sie haben es erlebt in Ihren Meetings mit Stefan und Klaus. Wenn Sie mit Gespür vorgehen, erkennen Sie sehr viel schneller die entscheidenden Faktoren, die das Projekt wirklich voranbringen. Wir denken immer, viel hilft viel. Aber das genaue Gegenteil ist der Fall. Um mehr FLOW in die Projekte zu bringen, braucht es unseren klaren Fokus auf die momentan entscheidenden Faktoren und ein gutes Gespür für Menschen und Situationen. Je mehr Erfahrungen Sie mit diesem Vorgehen sammeln, desto mutiger werden Sie und verzichten zunehmend auf unnötige langfristige Planungen."

David hat Leo sehr aufmerksam zugehört und blickt über den Bildschirmrand hinaus in den Garten. „Ich fasse das noch einmal für mich zusammen. Sie sagen, ich soll am Anfang viel konsequenter auf das Ziel schauen, damit es so klar wie möglich ist und ich mich danach ganz auf die

Umsetzung konzentrieren kann. Wenn ich dann konstant auf meinen Zustand achte und mein Gespür weiterentwickle, dann werden mir auf dem Weg die entscheidenden Faktoren auffallen, die im Projekt gerade notwendig sind. Das bedeutet, ich bin dadurch immer up to date, muss nicht mehr so viel planen und verringere dadurch meinen Aufwand, um die gesetzten Ziele zu erreichen." David sieht auf seinen Bildschirm und wartet auf eine Reaktion von Leo.

„Gute Zusammenfassung, David. Schauen Sie auf dem Weg ab und zu hoch und überprüfen Sie, ob die Richtung, in die Sie sich bewegen, noch stimmt. Überprüfen Sie das und korrigieren Sie, wenn nötig. Dann wieder runter mit dem Blick und Schritt für Schritt weitergehen. So erreicht man den Gipfel, ob als Bergsteiger oder als Projektleiter."

Leo schweigt und hält kurz inne. „Ich denke, das waren genügend Informationen fürs Erste. Lassen Sie das sacken. Ich schlage vor, wir machen für heute Schluss und treffen uns übermorgen bei Sonnenaufgang auf der Wiese, die links neben der Abbiegung zu meinem Hof liegt. Wissen Sie, welche Wiese ich meine?"

„Ich denke schon. Aber warum so früh?", will David wissen. „Können wir nicht jetzt gleich weitermachen und konkrete nächste Schritte erarbeiten?"

Leo antwortet nur kurz und knapp. „Nein, wenn Ihnen Ihr Projekt wichtig ist, David, dann sehen wir uns übermorgen früh bei Sonnenaufgang auf der Wiese." Und bevor David etwas sagen kann, hat Leo aufgelegt und der Bildschirm wird dunkel.

David klappt den Laptop zu. „Ich habe angefangen, die Arbeit mit Leo zu schätzen", denkt er, „aber was soll das jetzt? Leo ist ja ein Freund von Überraschungen. Ich lasse ich mich einfach darauf ein; wer weiß, wofür es gut ist."

Neue Sichtweisen

Als David sich zwei Tage später auf den Weg zur Wiese macht, ist es noch dunkel. Gähnend lenkt er seinen Wagen über menschenleere Straßen. David ist mittlerweile gespannt auf das, was Leo heute mit ihm vorhat. Im Osten hellt der Himmel auf und verfärbt sich in Gelb- und Rottönen. In Leos Nachbarschaft fährt David von der Hauptverkehrsstraße ab und geradewegs auf einen Heißluftballon mit Korb zu. Damit hat David wirklich nicht gerechnet! Er fährt mit dem Auto auf die Wiese, wo Leo schon auf ihn wartet.

„Hallo, David, gut, dass Sie pünktlich sind. Dann kann es ja gleich losgehen."

„Was kann losgehen?", will David wissen.

„Das bewusste Gestalten von Raum." Leo lächelt. „Ich hoffe, Sie haben keine Höhenangst, David?"

David schüttelt nur den Kopf. Er ist noch unsicher, was er davon halten soll.

Die beiden Männer gehen auf den Ballon zu und steigen in den geflochtenen Korb. Hier empfängt sie der Pilot, ein Freund von Leo, wie sich herausstellt, und gibt den beiden die nötigen Sicherheitsinstruktionen.

Nun wendet sich Leo an David. „David, ich möchte, dass Sie sich während des gesamten Aufstiegs nur auf eine Frage konzentrieren: Wie sieht das fertige Ender-gebnis Ihres Projekts aus? Wir werden den Aufstieg komplett schweigend verbringen und Sie beobachten, was in Ihnen dabei passiert und was Sie spüren. Haben Sie noch Fragen?"

„Nein."

Leo gibt dem Piloten ein Signal und der Ballon hebt nun langsam mit der aufgehenden Sonne ab.

Es ist ein wunderschöner Frühlingsmorgen. Die ersten Sonnenstrahlen wärmen und ein Gefühl stiller Freude breitet sich in David aus. Der Ballon steigt im Zeitlupen-tempo höher und höher. Der Himmel hat ein helles Blau. David kann kaum noch die Wiese erkennen, von der sie gestartet sind. Am Anfang gehen David noch viele ver-schiedene Gedanken durch den Kopf, doch nach einer Weile gelingt es ihm, sich auf Leos Frage zu konzentrie-ren, und er beginnt die Fahrt zu genießen. Er spürt, wie er sich mehr und mehr entspannt und ruhiger wird, je höher der Ballon steigt. David hat völlig das Gefühl für die Zeit verloren, ist ganz im Hier und Jetzt, als plötzlich Leos Stimme erklingt.

„Und, David, kennen Sie das Ende?"

Durch Leos Worte fokussiert sich David wieder mehr auf seine Gedanken. Er macht sich daran, das Erlebte in Worte zu fassen. „Ich habe etwas Interessantes beob-achtet. Es kam mir so vor, als hätten sich mein Zustand und mein Bild vom Ende des Projekts mit der ansteigenden Höhe des Ballons verändert. Mir ist gerade klar geworden, dass es bei diesem Projekt unterschiedliche Zeit- und Zielhorizonte gibt und damit auch ganz unterschiedliche Bilder vom Ende."

„Interessant." Leo fordert David mit einer Geste auf, weiterzureden.

„Mir ist auch klar geworden, dass Hahn und ich ganz unterschiedliche Zeithorizonte und damit auch Bilder vom Ende im Sinn haben. Ich denke, ich bin Hahn in der Zeit schon weit vorausgeeilt und kann daher schon mehr sehen als er. Das könnte ihm vielleicht Angst machen und der Grund für seine Abwehrhaltung sein."

Leo nickt. „Das wäre dann ein wichtiger Punkt. Sie kennen bestimmt den Spruch, man muss die Menschen da abholen, wo sie stehen. Das gibt ihnen Sicherheit. Denn müssen Menschen sich zu schnell auf unbekanntes Terrain bewegen, reagieren sie meist mit Angst und die ist kein guter Begleiter. Angst lässt uns schnell in den Überlebensmodus wechseln, aus dem heraus wir meist mit Kampf oder Widerstand auf Neues reagieren. Bezogen auf die Projektarbeit bedeutet das: Eine der wichtigsten Aufgaben des Projektleiters besteht darin, erst mal für Sicherheit zu sorgen, sozusagen einen sicheren Raum mit allen Beteiligten zusammen zu schaffen. Das trifft auf alle Projekte zu, im Besonderen aber auf Veränderungsprojekte."

Beide schweigen. Das einzige Geräusch, das zu hören ist, kommt vom Brenner unterhalb des Ballons.

David führt den Gedanken fort: „Es ist nicht immer einfach, einen sicheren Raum zu schaffen. Mir kommt es so vor, als ob ich immer blinder dafür werde, wo die anderen stehen, je tiefer ich selbst schon in einem Projekt stecke."

„Ganz genau, David. Deshalb sollte Ihr Fokus zu Beginn eines jeden Projektes immer und ohne Ausnahme auf dem ‚Wie' liegen. Wenn Sie selbst zu schnell auf die Inhaltsebene wechseln, verlieren Sie die Beteiligten schon am Anfang und müssen dadurch bei der Umsetzung wahrscheinlich mit Druck arbeiten."

„Das stimmt, genau so ist es", erwidert David nachdenklich und schaut ins weite Umland. „Wieso kommt man nicht von selbst darauf?"

„Je tiefer wir in etwas eintauchen, desto mehr blenden wir aus. Das ist ganz normal, David. Wir haben es hier mit einem klassischen Gegensatz zu tun. Auf der einen Seite haben wir die vertiefte Konzentration auf ein wichtiges Detail, auf der anderen Seite Weitsicht und Überblick. Beides gleichzeitig geht nicht. Doch wir benötigen beides und als Führungsperson müssen Sie in der Lage sein, den richtigen Fokus in der jeweiligen Situation zu bestimmen. Manchmal braucht es Weitblick und manchmal den Fokus auf einen momentan entscheidenden Aspekt. Ihr Training mit der flowZeit hat Sie darauf vorbereitet, zwischen diesen Zuständen gekonnt hin und her zu wechseln. Nun bringen Sie diese mentale Fähigkeit in Ihre äußeren Projekte ein. Mit Gespür für Menschen und Situationen bestimmen Sie den jeweils geeigneten Fokus. Sie haben heute zum Beispiel erkannt, dass sich Herr Hahn und Sie auf vollkommen unterschiedlichen Blickhöhen befinden. Das sollten Sie beachten, denn die

Blickhöhe entscheidet darüber, was Sie wahrnehmen. Manche Dinge sind auf einer bestimmten Höhe einfach nicht sichtbar. Wir sehen von hier oben zum Beispiel die einzelnen Bäume im Wald nicht." Leo zeigt auf ein Fleckchen Wald, das sich am Horizont abzeichnet.

„Das kann ich nachvollziehen, aber was bedeutet das für die konkrete Arbeit an einem Projekt?", fragt David.

Leo wendet sich wieder zu David. „Als Projektleiter müssen Sie die Menschen genau dort abholen, wo sie sich derzeit befinden und dann gemeinsam mit ihnen von diesem Punkt aus auf neue Ebenen gehen. Die meisten Menschen sind zu diesem Ebenenwechsel selbst nicht in der Lage. Sie brauchen dafür jemanden, der Sie auf der Prozessebene führt. Ansonsten verzetteln sie sich in inhaltlichen Details und verlieren schnell den Überblick. Was es deshalb gerade am Anfang braucht, David, ist Ihr klarer Blick auf die Prozessebene und das saubere Abholen der Beteiligten, einschließlich Ihres Chefs. Es ist Ihre Aufgabe als Projektleiter, den Beteiligten die nötige Sicherheit für das Projekt zu vermitteln. Und Sicherheit entsteht durch Transparenz. Wenn Sie für die nötige Transparenz sorgen, mit Blick auf den Prozess, die Ziele, die beteiligten Menschen und deren Rollen, dann ernten Sie Unterstützung."

Beide schweigen für eine Weile.

David genießt die Weite und das Panorama. Er beginnt als erster wieder zu sprechen. „Ich weiß genau, was jetzt meine Aufgabe ist. Ich werde unterschiedliche Zielbilder für unterschiedliche Zeithorizonte entwickeln und dann Herrn Hahn an seiner Position abholen. Von dort aus nehme ich ihn mit auf die Reise zu den unterschiedlichen Meilensteinen. Denn gerade ist mir eines klar geworden. Wir reden hier nicht von einem Projekt, sondern von mehreren, die aufeinander aufbauen. Wenn ich ihm das klarmache, kann er die einzelnen Schritte besser nachvollziehen und hat nicht das Gefühl, dass ich von heute auf morgen das gesamte Unternehmen umkrempeln will. Damit gebe ich Herrn Hahn die nötige Sicherheit, um sich auf die Reise einzulassen."

Leo nickt anerkennend. „Kleinere, überschaubare Projekte geben erst einmal Sicherheit. Und die ist essenziell. Was braucht es jetzt noch dafür, David?"

„Die klare Definition der unterschiedlichen Ziel- und Zeithorizonte, die genaue Einschätzung, wo Hahn steht und welche Brücken ich ihm bauen muss, damit er sich mit mir auf die Reise begibt."

„O.K., dann haben Sie Ihren nächsten Fokus, David. Braucht es dafür noch etwas?"

„Einen verdammt guten Zustand, damit ich nützliche Entscheidungen treffe und klar kommuniziere. Was das angeht, habe ich aber ein positives Gefühl. Irgendwie spüre ich wieder Feuer und Lust auf die nächsten Schritte. Keine Ahnung, wodurch das wieder entstanden ist, aber es fühlt sich richtig an. Ich hätte nicht gedacht, dass ich das mal sagen werde, aber ohne diesen Modus ist der beste Fokus nichts wert. Leo, ich danke Ihnen! Sie haben mir wirklich sehr geholfen."

„Gern", erwidert Leo und lächelt.

„Und das bedeutet auch", ergänzt David, „dass ich in Zukunft Projekte anders angehen werde. Mir ist das hier oben klar geworden. Es braucht am Anfang den konsequenten Fokus auf das ‚Wie‘, gute Kommunikation und viel Gespür für die Situation und die Menschen, die sich darin bewegen. Ich habe immer zu schnell versucht, gleich Resultate zu erzielen."

„Ja, in diese Falle tappen fast alle", bestätigt Leo.

Den Rest der Zeit im Ballon verbringen die beiden Männer zum größten Teil still, während sie über den Himmel fahren. In David entsteht ein klares Bild über die Zusammenhänge der fünf Kernkompetenzen, die Leo ihm vermittelt hat. Ihm ist klar, was jetzt zu tun ist.

Nachdem der Ballon wieder am Boden angekommen ist, zieht Leo eine Karte aus seiner Jackentasche und reicht sie David. Er liest.

5. Kernkompetenz:
Sei dir schon am Anfang über das Ende klar!

Kernbotschaft:
Fokus und Gespür entscheiden über deinen Erfolg!

Es ist ein Irrtum zu glauben, viel hilft viel. Es braucht den Fokus auf entscheidende Faktoren und Gespür für unterschiedliche Menschen und Situationen. Wie das?

1. Klärt die Erwartungen aller Beteiligten!

2. Seid euch am Anfang über das Ende im Klaren.

3. Prüft das Timing.

4. Konzentriert euch auf den jeweils nächsten Schritt.

Zur Unterstützung kannst du dir eine Vorlage für gelungene Projektaufträge zur fünften Kernkompetenz aus unserem kostenlosen Online-Ressourcenbereich herunterladen.

Gehe dafür auf www.work-life-buch.de

Leo ergänzt: „Laden Sie sich die Checkliste über die aufgeführte Internetadresse herunter. Dort finden Sie weitere Hinweise für einen gelungenen Projektstart."

David bedankt sich bei Leo und steigt in das Auto des Ballonteams, das ihn wieder zurück zu seinem Wagen bringt.

TEIL 6: Nachhaltige Veränderungen

Der Präsentationstermin rückt näher

Durch die neu gewonnene Klarheit fällt David die Arbeit in den nächsten Tagen leicht. Er hat sich entschlossen, für diesen Projektabschnitt nicht mit seinem Chef über seine Fragen zu diskutieren, sondern die nötigen Entscheidungen eigenverantwortlich zu treffen. Mit Klaus und Stefan erarbeitet er die letzten Punkte der Strategie. Sie haben beschlossen, dabei viel mehr Wert auf den Raum und das ‚Wie' zu legen als bisher. Das führt dazu, dass sie immer öfter bewusst die Frage stellen: „Welches Ziel wollen wir erreichen und welcher Raum ist gerade der richtige für die anstehende Aufgabe?" Manche Punkte erarbeiten sie virtuell, andere während sie spazieren gehen und David auch oft in flowZeiten. Wenn sie sich inhaltlich festfahren, erinnern sie sich gegenseitig, tief durchzuatmen und wieder in einen guten Zustand zu kommen. All das führt dazu, dass sie effektiv vorankommen und dabei auch viel Spaß haben.

Es kommt David so vor, als hätte Herr Hahn es geahnt, dass die Strategie bald fertig sein wird, denn er bekommt eine E-Mail mit der Aufforderung, die Nachhaltigkeitsstrategie am nächsten Tag in Hahns Büro vorzustellen. David muss schmunzeln, als er die E-Mail liest. Er weiß genau, dass er die Präsentation nicht morgen mitten im Alltagstrubel und auch nicht in Oscars Büro durchführen wird. Die Bedeutung des geeigneten Timings und des richtigen Raumes ist ihm sehr bewusst. Diesmal wird Hahn ihn nicht einfach in seinem Büro stehen lassen.

David greift zum Hörer und ruft Hahn an.

„Ich dachte schon, Sie würden nicht mehr für mich arbeiten." Die Ironie in Hahns Stimme ist nicht zu überhören.

„Ich hatte in der Tat kurz darüber nachgedacht, Herr Hahn …"

Davids Stimme klingt gelassen und selbstbewusst.

„Danke für Ihre E-Mail. Das wird allerdings nichts mit morgen. Ich habe etwas Dringendes zu erledigen, das ich nicht verschieben kann."

David macht ganz bewusst eine Pause. Er würde jetzt einiges dafür geben, das Gesicht seines Chefs zu sehen.

„Herr Hahn, ich lade Sie und Ihre Frau am Freitagabend um 18 Uhr zu einem Essen ein. In diesem Rahmen werde ich Ihnen die fertige Nachhaltigkeitsstrategie präsentieren. Den genauen Ort gebe ich Ihnen noch rechtzeitig bekannt. Ach, und keine Angst, Sie können Anzug und Zylinder im Schrank lassen." David schweigt.

Hahn ist selbst durch das Telefon spürbar überrascht und sucht nach Worten.

„Nun ja, Herr Arnold, anscheinend haben Sie ja klare Vorstellungen. Einverstanden, 18 Uhr am Freitag dürfte passen. Dann bin ich mal gespannt, was Sie mit uns vorhaben." „Lassen Sie sich überraschen, Herr Hahn, es wird Ihnen gefallen. Also, bis Freitag."

David legt einfach auf, ohne seinem Chef eine Chance zu geben, weitere Fragen zu stellen. Er nimmt sich noch eine Minute Zeit, um das gute Gefühl, das gerade in ihm entstanden ist, noch einmal ganz bewusst wahrzunehmen.

Zum ersten Mal fühlt es sich an, als ob er die Führung im Projekt übernommen hat und Hahn gegenüber den Ton angibt. Ist das die Magie, von der Leo gesprochen hat? Wenn ein klarer Fokus sich verbindet mit dem richtigen Gespür für Menschen und Situationen? Wenn wirkliche innere Führung und damit Leadership entsteht? Auf jeden Fall fühlt es sich großartig an, zu sehen, wie Hahn ihm folgt, wenn er innerlich so klar ist und sich traut, es auch im Außen zu sein. David nimmt seinen ganzen Körper wahr und lässt das Gefühl der inneren Führung ganz tief in sich einsinken. Danach nimmt er ein paar tiefe Atemzüge und setzt seine Arbeit fort.

In den nächsten Tagen muss David noch manche Dinge für seine Präsentation klären. Er hat sich einiges für diesen Termin vorgenommen. Auch Emily hat er eingeladen und sie wird dabei sein.

Schon am Anfang das Ende sehen!

David verspürt ein aufregendes, freudvolles Kribbeln in sich aufsteigen, als er seinem Chef am Freitagnachmittag die Adresse für das Treffen per SMS schickt. David ist schon am Ort des Geschehens und sieht nach, ob alles genau nach seinen Vorstellungen vorbereitet wurde.

Ganz in der Nähe der Oscar Hahn GmbH hat ein mittelständisches Unternehmen einen neuen Firmensitz gebaut. Das Haus wurde nach den neuesten Nachhaltigkeitsstandards errichtet. David hat durch gute Beziehungen herausgefunden, dass das Gebäude in wenigen Wochen mit dem höchsten Preis für nachhaltiges Bauen in der Branche ausgezeichnet wird. Das Timing ist perfekt. Der Bau soll nächste Woche offiziell eingeweiht und von der Firma bezogen werden.

David war es gelungen, den Chef des Unternehmens zu überzeugen, dass er das Treffen mit Hahn, seiner Frau und Emily in diesem Neubau machen kann. David hat den Konferenzraum des neuen Firmensitzes nach seinen Vorstellungen für die Präsentation herrichten lassen. Er hat sogar einen Caterer gefunden, dessen Konzept komplett auf Nachhaltigkeit beruht. Der Koch hat den Auftrag, ein Buffet mit vielen von Hahns Lieblingsspeisen zusammenzustellen. Emily hat dafür extra Kontakt zu einem langjährigen Freund von Hahn aufgenommen, der ihnen Tipps gab.

David war es besonders wichtig, den Chef des Bauunternehmens und den Firmeninhaber bei der Präsentation einzuladen. Er hat sie überzeugen können, am Abend dabei zu sein und aus ihrer Sicht über das Projekt zu sprechen. Wenn gestandene und erfolgreiche Unternehmer Hahn die Bedeutung von Nachhaltigkeit näherbringen, hat das eine größere Wirkung als nur Davids Worte. Davon ist David überzeugt.

David wollte auch Leos Idee aufgreifen, Herrn Hahn exakt dort abzuholen, wo er im Moment steht. Die zündende Idee dafür ist ihm bei einem flowWalk gekommen.

Am Anfang will David die Bedeutung traditioneller Werte hervorheben, für die Hahn steht, wie Loyalität oder Verantwortungsbewusstsein. Er möchte hervorheben, was sein Chef bisher geleistet hat und danach seinen Ehrgeiz wecken, indem er auf die Vorreiterrolle zu sprechen kommt, die die Oscar Hahn GmbH langfristig durch sein Konzept erreichen würde.

Zum Ende wird David Hahn als verantwortungsvollen Unternehmer darstellen, der auch an seine eigenen Kinder und zukünftige Generationen denkt.

Zwischendurch wird der Bauunternehmer ein paar Zahlen präsentieren, die deutlich machen, wie lukrativ das Nachhaltigkeitsgeschäft sein kann, und er wird berichten, wie sich sein Bauunternehmen entwickelt hat, seitdem er konsequent auf Nachhaltigkeit setzt.

Den Bauherrn hat er darum gebeten, etwas über seine Gründe, nachhaltig zu bauen, zu erzählen und welche Erwartungen er damit verknüpft. David möchte auch wissen, welche positiven Erfahrungen die Entscheidung für diesen Bau schon nach sich gezogen hat.

Doch der allerwichtigste Punkt der Präsentation wird sein, Hahn klar zu machen, dass es sich um eine langfristige Planung handelt und der nächste Schritt darin bestehen wird, die Auflagen und Kriterien der Geldgeber für nachhaltiges Bauen zu erfüllen. Genau so, wie sein Chef sich das gewünscht hat. David hat seine Gesamtstrategie fein säuberlich auf unterschiedliche Zielhorizonte heruntergebrochen, die er Hahn Schritt für Schritt veranschaulichen wird.

Es ist 18 Uhr, alles ist vorbereitet. Emily ist die erste, die eintrifft. Zu diesem besonderen Anlass hat sie sich chic gemacht und läuft den frisch gepflasterten Weg zum Neubau entlang. Sie sieht sich aufmerksam den Bau von außen an, dessen Fassade mit einer Mischung aus Putz und Klinker versehen wurde. Auf dem Pultdach ist eine Reihe von Solarzellen zu sehen.

David läuft Emily entgegen und gibt ihr einen Kuss. Sie drückt mit ihren Händen fest seine und sagt: „Ich wünsche dir viel Glück, dass heute Abend alles gut läuft. Ich bin mir sicher, du hast alles getan, was du konntest, Schatz."

„Vielen Dank, Emily. Es bedeutet mir viel, dass du heute auch hier bist. Komm, ich zeige dir kurz die Räume."

David führt sie durch die leeren Zimmer, in denen Böden aus Holz und kalkverputzte Wände für ein angenehmes Klima sorgen. Emily bemerkt die besondere Atmosphäre, die in den Räumen herrscht.

Dann trifft Herr Hahn mit seiner Frau ein. David und Emily heißen sie am Eingang willkommen und David führt sie in den festlich gestalteten Raum. Kaum angekommen, treffen auch der Chef des Bauunternehmens und der Firmeninhaber ein. Eine Frau vom Catering Service reicht allen einen Aperitif.

„Da haben Sie sich ja ins Zeug gelegt", kommentiert Hahn knapp das Ambiente. „Mir war nicht bewusst, dass diese kleine Präsentation einen so offiziellen Rahmen erfordert."

David lächelt. „Ja, Sie können gespannt sein. Es wird, so denke ich, ein interessanter Abend."

Hahn nickt, ohne die Miene zu verziehen.

David kann nur vermuten, was da gerade im Kopf seines Chefs vor sich geht. Er lässt sich aber nicht aus der Ruhe bringen und wendet sich der gesamten Gruppe zu: „Besondere Anlässe erfordern besondere Räume! Dieser Raum hier ist mit Sicherheit in verschiedener Hinsicht etwas ganz Besonderes. Dazu werden wir im Laufe des Abends noch mehr erfahren. Ich danke Ihnen allen für Ihr Kommen. Dem Hausherren danke ich, dass er uns diesen Raum zur Verfügung gestellt hat und wir noch vor der offiziellen Einweihung hier sein dürfen."

Davids Planung für den Abend ist ganz genau durchdacht. Er hat sich mit den Themen Zustand, Beziehungsebene und Raum auseinandergesetzt und in den Ablauf des Abends integriert. Auf jeden inhaltlichen Input wird ein Gang zum Buffet folgen, damit genügend Zeit ist, das Gehörte sacken zu lassen und darüber zu reden. Das soll sicherstellen, dass alle Beteiligten immer in einem guten Zustand bleiben und nicht mit zu vielen Informationen überfrachtet werden. Für jeden Abschnitt des Abends gibt es einen klaren Fokus. David hat eine Art Drehbuch für den Ablauf erstellt. Das gibt ihm Klarheit und lässt ihn rechtzeitig erkennen, wenn er etwas anpassen muss.

David und die anderen Gäste setzen sich an den Tisch, der mit weißer Tischdecke, feinem Porzellan und Blumen stimmungsvoll hergerichtet wurde.

Als erstes hat der Hausherr das Wort. Seine Ausführungen werden durch eine Präsentation unterstützt, die über einen Beamer auf eine weiße Wand geworfen wird.

„Die Entscheidung, dieses Gebäude zu bauen, war wahrscheinlich die komplexeste, die ich in meinem Leben getroffen habe. Ich bin Unternehmer und treffe ständig folgenschwere Entscheidungen. Die Grundlage dafür sind oft Analysen, umfangreiche Business Cases und gesammelte Erfahrungen. Hätte ich diese bewährte Herangehensweise auch hier genutzt, hätte ich das Gebäude nicht bauen dürfen. Es ist einfach zu teuer!"

Alle müssen schmunzeln.

„Doch ziemlich schnell hat mein Bauchgefühl mir gesagt, dass es Sinn macht, es zu tun. Es war allerdings erforderlich, sich auf eine andere Betrachtungsweise einzulassen. Die herkömmliche, oft kurzfristig und monetär ausgerichtete Betrachtungsweise greift hier nicht. Viele der Vorteile, die wir uns von diesem Bau erhoffen, lassen sich nicht direkt in bare Münze umrechnen. Doch die Grundidee ist einfach. Wir schaffen einen gesunden, chemiefreien Raum, in dem sich die Mitarbeiter wohlfühlen und gerne arbeiten. Das fördert die Kreativität und die Effektivität unserer Mitarbeiter. Ich war geschockt, als ich das erste Mal davon hörte, wie viele chemische Substanzen in Bauwerken den Zustand der darin arbeitenden Personen auf negative Weise direkt beeinflussen. Die Umgebung sorgt tatsächlich häufig dafür, dass die Menschen nicht mehr klar denken können."

Der Firmeninhaber macht eine Pause und blickt in die Runde.

„Dieses Gebäude ist darauf ausgerichtet, die besten Umweltbedingungen zu schaffen und damit die Grundlage für Kreativität, Innovation und Effektivität zu legen. Ich bin der festen Überzeugung, dass in der Zukunft genau das eine der Hauptanforderungen an Gebäude sein wird. Es müssen geeignete äußere Räume geschaffen werden, die bei Mitarbeitern Gedankenfreiräume ermöglichen – wie außen, so innen. Ich bin überzeugt, dass sich die Mehrinvestition sehr schnell auszahlen wird. Und das ist natürlich nur eine Ebene. Wir produzieren zum Beispiel mehr Energie durch unsere Solaranlage, als wir verbrauchen. Somit verdienen wir sogar Geld mit dem Gebäude.“

Nach diesen Ausführungen blickt der Bauherr in die Runde und lässt das Gesagte wirken.

Eine Eigenschaft seines Firmensitzes ist ihm besonders wichtig. „Ich wollte ein Gebäude bauen, das atmen kann und nicht, wie viele andere Bauten, komplett luftdicht ist. Das sorgt für die ausgesprochen gute Luftqualität in diesen Räumen.“

Der Bauherr fährt fort, Besonderheiten des Firmensitzes zu erläutern. Währenddessen betrachtet David seine Gäste. Alle hören die ganze Zeit über aufmerksam und sehr interessiert zu. Auch Herr Hahn scheint beeindruckt.

Nach der ersten Präsentation, beim ersten Gang zum Buffet, entstehen angeregte Gespräche. Alle probieren und genießen verschiedene Vorspeisen und tauschen sich aus. Als die Gespräche langsam verstummen, fängt der Bauunternehmer mit seinem Beitrag an, in dem er das Thema Nachhaltigkeit aus einer übergeordneten Perspektive betrachtet.

Er spricht sehr offen über Chancen und Risiken, die in der Spezialisierung auf nachhaltiges Bauen liegen. Für ihn ist klar, dass die Branche nicht um dieses Thema herumkommen wird. Die zentrale Frage ist aus seiner Sicht, ob sich ein Bauunternehmen aktiv dem Thema stellt oder ob es irgendwann per Gesetz dazu verpflichtet wird. Seine Botschaft ist sehr klar. Es brauche etwas Mut und ein Umdenken, doch das würde sich um ein Vielfaches auszahlen.

Der Unternehmer spricht auch die Herausforderungen offen an. Im Moment liege der Fokus noch auf den Mindestanforderungen und nicht viele Bauherren seien bereit, die anfänglichen Mehrkosten zu tragen. Seiner Einschätzung nach sind die Bauunternehmen, die sich voll auf Nachhaltigkeit einlassen, noch spezialisierte Nischenanbieter. Doch darin liegen seiner Meinung nach auch viele Vorteile.

Er hat die Erfahrung gemacht, dass die Mitarbeiter mehr Spaß daran haben, ökologisch hochwertige Gebäude zu bauen und chemische Belastungen zu reduzieren. Sie zeigen eine große Bereitschaft, sich mit neuen Baustoffen und Verfahren auseinanderzusetzen und ihre Erkenntnisse einzubringen. Es ist, als könnten sie jetzt einen Beitrag leisten, hinter dem sie stehen, der für sie Sinn macht. Kurzum: Die Identifikation und die Motivation der Mitarbeiter sind gestiegen und haben letztlich für mehr Effektivität und weniger Fluktuation in der Firma gesorgt.

Der Unternehmer legt eine kleine Pause ein und schaut in die Runde. „Und das Beste ist, trotz des weit verbreiteten Fachkräftemangels bewerben sich fast wöchentlich gute Leute bei uns, weil sie gerne für unsere Firma arbeiten möchten."

Nach der Präsentation ist der Hauptgang eröffnet. Herr Hahn ist sichtlich erfreut, dass er so viele seiner Lieblingsspeisen am Buffet vorfindet. Er greift zu und sucht dann das Gespräch mit dem Bauunternehmer. Die beiden scheinen sich gut über unterschiedliche Themen zu unterhalten.

David hält sich bewusst zurück. Er ist überzeugt davon, dass es an dieser Stelle sinnvoll ist, wenn Hahn möglichst viel Austausch mit den Gästen hat.

Nach dem Hauptgang hat David eine Tour durch das Gebäude organisiert. Es ist ihm wichtig, dass nach dem Essen etwas Bewegung in die Gruppe kommt, um aufkommende Müdigkeit zu verhindern. Nach der Tour wird David seine Strategie präsentieren. Er möchte, dass alle in einem guten Zustand sind.

Alles ist nach Plan gelaufen. Hochkonzentriert hat David sein Konzept präsentiert und hatte dabei den Eindruck, dass auch alle Zuhörer mit größer Wachheit seiner Darstellung gefolgt sind. Vor allem Hahn. Schließlich hat David einen Weg aufgezeigt, wie die Oscar Hahn GmbH in drei Jahren zum Vorreiter der Branche im Bereich des nachhaltigen Bauens werden kann und wie dadurch die Zukunft des Unternehmens langfristig gesichert wird. Der erste Schritt in diese Richtung besteht darin, die bestehenden Vorgaben der Investoren mit Blick auf Nachhaltigkeit zu erfüllen.

Nach seiner Präsentation schaut David seinen Chef an und schweigt für eine Weile. Dann sagt er mit ruhiger Stimme: „Und, Herr Hahn, was meinen Sie?"

Hahn schweigt für einen Moment und blickt konzentriert an die frischen Wände, von denen er jetzt weiß, warum sie mit Kalk verputzt wurden. Er scheint beeindruckt und nach treffenden Worten zu suchen. Dann sieht er David direkt an. „Wissen Sie, ich habe schon genau gewusst, warum ich Sie auf diesen Job angesetzt habe. Allerdings muss ich gestehen, dass mir nicht klar war, welche Ausmaße dieses Projekt annehmen wird. Nachdem Sie mir die unterschiedlichen Zeithorizonte deutlich gemacht haben und Sie nicht von heute auf morgen meinen ganz Laden umkrempeln wollen, kann ich Ihnen mein O.K. geben."

Davids Gesicht entspannt sich und ein Grinsen macht sich breit.

Hahn spricht weiter: „Allerdings werden wir die weiteren Details natürlich genau miteinander absprechen."

„Natürlich", entgegnet David schmunzelnd.

„Na, dann ist doch alles gesagt. Lassen Sie uns zum Dessert übergehen. Ich sehe da einige gute Sachen." Hahn muss über sich selbst lachen.

„Das Nachtisch-Buffet ist eröffnet!", verkündet David mit froher Stimme.

Als alle aufstehen und unter angeregtem Gemurmel zum Buffet gehen wollen, hebt Hahn die Hand und sagt: „Stopp! Eines noch."

Alle werden still. David merkt, wie er die Luft anhält.

Hahn blickt David direkt in die Augen und sagt: „Danke, Herr Arnold! Ich finde, Sie sollten unsere Strategie auch auf der Messe präsentieren."

David atmet tief durch und lächelt. „Gerne, Herr Hahn!"

Hahn nickt anerkennend. „So, nun lassen Sie uns endlich mit dem Nachtisch beginnen. Jetzt wird gefeiert!"

Alle erheben die Gläser und stoßen miteinander an.

Der festliche Abend neigt sich langsam dem Ende zu. David nimmt sein Messer und tippt sein Glas drei Mal an. „Darf ich noch einmal um Ihre Aufmerksamkeit bitten?"

Die Anwesenden unterbrechen ihre Gespräche und wenden sich ihm zu.

David geht auf Emily zu und nimmt ihre Hand. „Ich möchte mich bei dir bedanken. Ohne dich hätte ich das nie geschafft und bin mir bewusst, dass ich in letzter Zeit wenig für die Familie da war und mich das ein oder andere Mal, sagen wir, danebenbenommen oder wichtige Dinge vergessen habe. Dafür möchte ich mich hier in aller Form entschuldigen und dir als Anerkennung eine Kleinigkeit schenken."

David greift in sein Jackett und holt einen Umschlag hervor, den er Emily überreicht. Emily hat feuchte Augen und öffnet erwartungsvoll den Umschlag.

„VIP-Karten für Robbie Williams? Wie hast du das geschafft?"

David schweigt.

„Das Konzert ist ja schon morgen!"

David lächelt. „Wir werden direkt von hier aus in ein Hotel fahren. Und ja, für die Kinder ist gesorgt. Du musst dir keine Gedanken machen, ich habe alles organisiert. Wir haben das ganze Wochenende für uns."

Emily strahlt über das ganze Gesicht und umarmt David. Herr Hahn schaut seine Frau an und grinst. „Jetzt wird es aber Zeit, dass wir gehen und die Turteltäubchen alleine lassen."

In die Gruppe kommt Bewegung. Es werden Mäntel gesucht, Hände geschüttelt und gute Wünsche ausgetauscht. David und Emily bleiben als Gastgeber zurück und machen einen letzten Rundgang durch den stillen Neubau, Hand in Hand.

David und Emily

Im Hotel angekommen, setzen sich die beiden, in Decken gehüllt und mit einem Glas Wein, auf den Balkon. David merkt, wie es in ihm arbeitet. Einerseits möchte er jetzt ganz für Emily da sein und sich für ihre umfassende Unterstützung bedanken, andererseits hat ihn die Müdigkeit fest im Griff.

„Was würde Leo wohl sagen?", überlegt er. „Bring dich in einen guten Zustand und äußere klar deinen Wunsch."

David atmet tief durch und spürt seinen ganzen Körper. Dann wendet er sich Emily zu. „Schatz, ich bin so froh, dass wir dieses Wochenende nur für uns haben. Ich merke gerade, wie die Anspannung von mir abfällt und mich die Müdigkeit überkommt. Mein Wunsch wäre, dass wir uns gleich schlafen legen und dann morgen erholt mit einem schönen Frühstück unser Wochenende starten. Wäre das O.K. für dich?"

Emily lächelt David liebevoll an. „Nach diesem Abend hast du dir deinen Schlaf mehr als verdient. Lass uns ins Bett gehen und einfach so lange schlafen, wie wir es brauchen."

David ist erleichtert. Er hatte schon Sorge, dass Emily eine andere Vorstellung vom Rest des Abends gehabt hätte und er sie enttäuschen würde.

Nachdem beide ohne Wecker wach wurden und sich im eigenen Rhythmus fertig machten, sitzen sie nun beim Frühstück in ihrem Hotelzimmer.

„So einen Tagesbeginn hatten wir schon ewig nicht mehr. Das tut richtig gut, David. Ich möchte das wirklich öfter machen." Emily sieht David direkt an.

„Ja, das halte ich auch für eine gute Sache." David denkt nach. „Mir kommt gerade eine Idee. Hör bitte erst einmal zu und sag mir dann, was du davon hältst. Ich vermute, dass uns die fünf Kernkompetenzen, die ich von Leo gelernt habe, auch in unserer Beziehung helfen können. Dazu gehört, auf unseren Zustand zu achten, unsere Wünsche klar auszusprechen, den anderen wirklich zu verstehen, bewusst stimmige Räume zu gestalten und eine klare Vorstellung von dem zu haben, wie wir uns unsere Beziehung vorstellen. Das scheint mir alles sehr sinnvoll. Was meinst du?"

Emily lehnt sich in ihrem Stuhl zurück und grinst.

„Deine Skepsis Leo gegenüber scheint ja völlig verflogen zu sein. Jetzt willst du seine Ideen sogar in unsere Beziehung einbauen." Emily macht eine Pause. „Aber jetzt mal im Ernst. Ich kenne die Kernkompetenzen nicht im Detail, aber ich habe gesehen, wie du dich mit der Zeit verändert hast und wie gut dir die Arbeit mit Leo getan hat. Also, warum sollten uns die Kernkompetenzen nicht auch uns beiden helfen?"

David nimmt Emilys Hand in seine. „Schatz, ich danke dir, dass du mich dazu genötigt hast, mit Leo zu arbeiten." David hat ein breites Grinsen im Gesicht. „Aber gerne. Du weißt doch, ich habe immer nur das Beste für dich im Sinn." Beide müssen lachen.

Nach einer Zeit der Stille nimmt David den Faden wieder auf. „Auch wenn es nicht sehr romantisch klingt: Wie wäre es, wenn wir damit anfangen, über unser Ende zu sprechen? Worauf wollen wir mit Freude zurückschauen, wenn wir beide alt sind? Was ist uns wichtig, sowohl in der Zukunft als auch jetzt und hier?"

Emily lächelt. „Ja, lass uns darüber nachdenken." David küsst Emily zärtlich und nimmt sie in den Arm.

Nach dem langen Wochenende mit einem begeisternden Konzert und vielen guten Gesprächen fühlen sich Emily und David nah und verbunden. Sie möchten ihre Beziehung wieder erfüllender und lebendiger gestalten und verabreden, sich einen Abend in der Woche nur für sich zu gönnen.

Die Präsentation auf der Messe

Am Morgen macht David einen flowWalk, um sich darauf vorzubereiten, die Nachhaltigkeitsstrategie auf der Messe zu präsentieren. Für David ist das nur noch die Kür, die Feuerprobe war für ihn die Präsentation vor Hahn. Da David das gemeistert hat, kann er ganz entspannt auf der Messe präsentieren und es genießen, auf der Bühne zu stehen. Es kommt ihm beinahe wie eine Belohnung vor für die harte Arbeit der letzten Wochen.

Stefan und Klaus sitzen bei der Präsentation in der ersten Reihe und David dankt ihnen von der Bühne aus für ihr Engagement und ihren Beitrag. Im Verlauf seiner Rede erhält David viele Nachfragen, positive Rückmeldungen und Zustimmung für seine Strategie.

Nach der Präsentation kommt Hahn auf David zu. „Heute Abend würde ich Sie gerne zum Essen einladen. Ich habe einen Tisch für uns reserviert."

„Gerne, dann lass ich mich heute mal überraschen."

Hahn schmunzelt. „Erwarten Sie nicht zu viel. Ich habe mir nicht ganz so viel Mühe gegeben wie Sie."

David lacht. „Das ist schon O.K.."

Beim Essen eröffnet Hahn David, dass er ihm die Verantwortung für die Implementierung der Gesamtstrategie übergeben möchte. Er verspricht ihm sogar, kooperativ zu sein und sich auf das Thema Homeoffice und virtuelle Medien einzulassen.

David nimmt das Angebot unter einer Bedingung an. Er möchte erst einmal drei Wochen Urlaub machen, um sich von den Strapazen der letzten Monate zu erholen und auch gesundheitlich wieder komplett fit zu werden. Hahn ist damit einverstanden und die beiden verbringen einen angenehmen Abend, an dem sie sich auch über Hahns Kanadareise, Waldspaziergänge mit Hund und Angeln oder über Tennisstunden und pubertäre Kinder unterhalten. Der Raum, in dem sie sich bewegen, wird größer und behaglicher.

Der Kreis schließt sich ...

Das erste, was David im Urlaub macht, ist Leo anzurufen. „Leo, ich hatte beim flowWalk heute Morgen einen interessanten Impuls."

„Lassen Sie hören, David."

„Sie haben doch eine Werkstatt und arbeiten gerne mit Holz."

„Stimmt."

„Hören Sie, Leo, ich dachte, wir könnten uns vielleicht in Ihrer Werkstatt zu einer Art Abschlussritual treffen. Sie erinnern sich doch sicher an die alte Kommode in unserem Flur."

„Ja, ich erinnere mich an das gute Stück."

„Was halten Sie davon, wenn wir die Kommode gemeinsam an einem Nachmittag etwas aufarbeiten. Anschließend würden Emily und ich Sie gerne zum Essen einladen als Dank für Ihre Unterstützung."

Leo ist überrascht. „Also, was soll ich sagen, ja sehr gerne. So verwandelt sich die Kommode in ein Symbol und wir haben ein Abschlussritual für unsere gemeinsame Arbeit. Ich mag solche Rituale."

Leo macht eine kurze Pause. „Ich finde, Sie haben echte Coaching-Kompetenzen. Vielleicht sollten Sie einmal darüber nachdenken, ob Sie nicht selbst Coach werden wollen, David. In Zukunft werden moderne Leader mit diesen Kompetenzen gebraucht."

„Wer weiß, Leo, möglich ist alles ..."

Die beiden verabreden sich für einen Samstag nach den Ferien in der Werkstatt.

Neue Ziele am Horizont

Nach seinem Urlaub macht sich David an die Arbeit, um die einzelnen Schritte der Nachhaltigkeitsstrategie zu implementieren. Es ist ihm ganz gut gelungen, eine Balance zwischen Arbeit, Familie und Freizeit zu finden. Dadurch, dass David jetzt deutlich weniger Stress hat, kommt er immer mehr mit seinen tieferen Bedürfnissen und dem, was er wirklich will, in Kontakt.

Eines Freitagabends ist die ganze Familie zu Hause, ein seltener Moment. Emily und David sitzen auf der Terrasse, Jenny wartet auf Philipp, mit dem sie im Garten Volleyball spielen will. Mit einem Ball, den er unter den Arm geklemmt hat, tritt Philipp ins Freie. „Papa, du hast gerade eine wichtige E-Mail von Herrn Hahn bekommen. Sie ist rot unterlegt. Ich würde ja mal nachsehen. „Ist mein Laptop immer noch an?", fragt David. „Danke fürs Bescheidgeben, aber ich werde mir die Mail erst Montag früh ansehen. Herr Hahn wird das verstehen", sagt er und lächelt Emily an.

David steht auf, geht ins Wohnzimmer, um seinen Laptop auszuschalten und um muntere Musik aufzulegen, die zum Sommerabend passt. Als er sich wieder zu Emily an den Tisch setzt, wendet sie sich zu ihm und sagt: „Seit dem Frühjahr hat sich unser Leben ganz schön verändert. Ich finde es entspannter. Du auch?"

David setzt sich aufrecht hin, atmet tief durch und überlegt einen Moment. „Ohne das gute Selbstcoaching wäre ich wohl nicht aus der Krise gekommen und wir beide hätten es kaum geschafft, eine neue Balance zu finden."

Emily nickt und blickt David aufmerksam an.

„Leo hat mich gefragt, ob ich Coach werden will. Das lasse ich mir gerade durch den Kopf gehen, aber im Moment ist es kein Thema für mich."

Emily fragt nach: „Aber es beschäftigt dich?"

„Ja, ich finde Coaching für den Führungsalltag interessant. Meine Aufgaben werden immer komplexer und die Kompetenzen eines Coachs können hier den Unterschied machen. Am Ende entscheidet doch sehr oft die menschliche Komponente."

„Ja, das kann ich nachvollziehen", sagt Emily. „Willst du die Sache weiterverfolgen?"

„Ich werde auf jeden Fall mit Leo weiter arbeiten, um noch mehr von ihm zu lernen. Das kann ich gut machen, während ich die Nachhaltigkeitsstrategie Schritt für Schritt umsetze."

David zieht Emily sanft zu sich und sagt mit einem Grinsen: „Und in der Zwischenzeit sehen wir zu, dass wir in einem guten Zustand bleiben oder immer wieder dahin zurückkehren."

Emily lehnt sich mit einem Lächeln auf dem Gesicht an David. Gemeinsam lauschen sie der Musik.

Weitere Unterstützung

Liebe Leserinnen und Leser,

wir haben diese Geschichte erzählt, um Ihnen Mut zu machen, dass Veränderung jeder Zeit möglich ist. Sie haben gesehen, wie die Arbeit mit Leo das Leben von David nachhaltig beeinflusst hat. Doch ist das nicht von heute auf morgen geschehen. Manche Dinge haben einfach ihren ganz eigenen Rhythmus und brauchen etwas Zeit. Das Entscheidende für David war, die Empfehlungen von Leo in seinem Alltag auch wirklich umzusetzen. Oft erschienen sie ihm recht simpel und einfach. So wie wir alle war auch David auf der Suche nach der großen Lösung, der magischen Pille, die alles und sofort für ihn erledigt. Schritt für Schritt erkannte er, dass es eher die kleinen Unterschiede sind, die für große Wirkung sorgen. Genau darin liegt ihre Kraft. Und natürlich ist niemand vor Rückschlägen sicher, sie sind Bestandteil jeglicher Entwicklung. Doch wenn wir gekonnt mit ihnen umgehen, können wir weiter voranschreiten und unsere Ziele erreichen.

Jetzt liegt es an Ihnen, liebe Leser. Sie können dieses Buch nun auf die Seite legen und zum nächsten greifen. Oder Sie probieren die sehr einfach erscheinenden Empfehlungen von Leo selbst einmal aus.

Gern begleiten wir Sie persönlich auf Ihren nächsten Schritten. Hier sind Ihre Möglichkeiten:

Der Gratis Online-Ressourcenbereich zum Buch

Wenn Sie es noch nicht getan haben, melden Sie sich in unserem kostenlosen Online-Ressourcenbereich an. Sie finden ihn auf der folgenden Internetseite:

www.work-life-buch.de

Dort erhalten Sie alle Umsetzungshilfen zum Buch, Audioprogramme und zusätzliche Video-Trainings der Autoren und auch einen Zugang zu weiterführenden Angeboten. Wenn Sie in direkten Kontakt mit uns treten möchten, können Sie das ebenfalls von dort aus tun.

Online-Training für Ihre persönliche Entwicklung

Sie wollen weiterführende und professionelle Begleitung für Ihre persönliche Entwicklung? Auf Europas größtem FLOW-Portal unterstützen wir Sie mit einer Vielzahl an Programmen. Für nähere Informationen gehen Sie bitte auf: *www.flowlife.de*

Seminare, Vorträge, Coaching & Beratung

Sie möchten Unterstützung für Ihr Unternehmen oder Ihre Organisation? Wir beraten, coachen und trainieren Fach- und Führungskräfte auf Basis des FLOW-Prinzips. Für nähere Informationen gehen Sie bitte auf:

www.flow-business.com

Coaching-Kompetenz erwerben

Sie möchten Coach werden oder als Führungskraft über professionelle Coaching-Kompetenz verfügen? Im Rahmen unserer FLOW Coaching ACADEMY können Sie sich zum zertifizierten FLOW Life & Business Coach ausbilden lassen. Nähere Informationen dazu erhalten Sie auf: **www.flowcoachingacademy.de**

Es würde uns freuen, von Ihnen zu hören, zu lesen und Sie auf Ihrem persönlichen und beruflichen Lebensweg weiter begleiten zu dürfen.

Mit besten flowGrüßen

Christian Marx   Lutz Urban

Die Autoren

Lutz Urban

ist Gründer von flowlife, FLOW Coaching und der FLOW Coaching ACADEMY in Berlin. Er ist Trainer für gesunde Höchstleistung in Sport und Wirtschaft. Zu seinen Klienten zählen Weltmeister, Künstler und das Top-Management internationaler Konzerne. Er ist Deutschlands führender Experte für die praktische Anwendung des FLOW-Prinzips. Die Arbeit von Lutz Urban wird offiziell empfohlen durch Prof. Dr. Mihály Csíkszentmihályi, dem Begründer der FLOW-Wissenschaften. Unternehmen wie die Volkswagen AG und die ZfU International Business School nutzen seit vielen Jahren die Unterstützung durch Lutz Urban. Mehr Informationen: www.flow-business.com

Christian Marx

ist Mitbegründer der FLOW Coaching ACADEMY und Leiter von flowlife-Coaching. Er coacht Menschen privat und beruflich in Entwicklungs- und Veränderungsprozessen. Zu seinen Kunden zählen zahlreiche Konzerne sowie mittelständische Unternehmen und

Non-Profit-Organisationen. Sein Ansatz ist holistisch: Emotionale, körperliche, geistige, intuitive und spirituelle Ebenen werden genutzt und kontextbezogen zusammengeführt. Er verspricht keine Patentrezepte, sondern erarbeitet individuelle ziel- und ressourcenorientierte Lösungen. Die bereits vorhandenen Kompetenzen werden systematisch aktiviert und im Coaching gezielt unterstützt, so dass stimmige Lösungen im FLOW entstehen. Mehr Informationen: www.flow-business.com

Wir danken Katja Frechen für ihre Unterstützung im Rahmen dieses Buchprojekts.

Katharina Starlay
Der Stilcoach für Männer
248 Seiten | Hardcover mit
Schutzumschlag
ISBN: 978-3-95601-225-9 | 17,90 €

Männer haben es nicht leicht. Casual oder klassisch? Krawatte oder nicht? Budapester oder Sneaker? Was ist im Job eigentlich noch erlaubt und was nicht? Der sich wandelnde Zeitgeist sorgt für Verunsicherung und jüngere Generationen brechen mit alten Konventionen. Stilcoach Katharina Starlay beantwortet alle Fragen rund um das Thema Kleidung, Image und Auftreten. Ein Ratgeber, der inspiriert und eine Anleitung in den kleinen und großen Stilfragen des Lebens gibt.

Stefan Tremel
Die Anleger-Diät:
Schlanke Strategien für mehr Gewinn
128 Seiten | Flexicover
ISBN: 978-3-96251-014-5 | 15,00 €

9 783962 510145

Das Thema Geldanlage: ein Minenfeld aus Werbeversprechen und Kostenfallen und daher zwar essenziell, aber auch schweißtreibend. Finanzplaner Dr. Stefan Tremel zeigt, wie man sich hier einen Überblick verschafft und welche Informationen wirklich wichtig sind. Praxisnah und für den Laien gut verständlich, erhalten die Leser Empfehlungen für einen entspannten Umgang mit der Geldanlage. Der Autor erklärt u.a. wie Indexfonds und ETFs funktionieren und welchen Einfluss die Finanzpsychologie auf unsere Geldanlageentscheidungen hat.

**Torben Antretter, Diego Probst, Manuel Heß,
Dietmar Grichnik, Britta Pukall**
Startup Navigator: Das Handbuch
284 Seiten | Broschiert, mit Poster,
Querformat, Innenteil farbig
ISBN: 978-3-95601-221-1 | 29,90 €

Geschäftsideen gibt es wie Sand am Meer. Oft zerbröseln diese
aber, wenn man sie an den Markt bringt und sie sich schlicht
nicht rechnen. Was unterscheidet aber gute von schlechten
Ideen? Erfolgreiche Startups sind keine Magie! Jeder kann mit
dem „Startup Navigator" lernen, wie man erste Konzepte erfolgreich in die Tat umsetzt. Dieses Tool wurde über Jahre an der
Universität St. Gallen mit erfahrenen Unternehmerinnen und
Unternehmern entwickelt. Bei der Anwendung des Navigators
entsteht ein einzigartiges Startup aus den persönlichen Stärken
jedes einzelnen Entrepreneurs heraus, der sich das Wissen
unternehmerischer Methoden zu eigen macht und seine Idee
systematisch wie die Profis entwickelt.